食光・時光

Kasavakan 飲食記憶誌

致　愛著這片土地的 Kasavakan 族人

特別感謝

謝運妹、古阿花、高玉春、曾玉鳳、
謝鴻章、陳玉華、古金全、林賢美、
古金木、陳正明、謝宏春、陳有乾、
林維華、施惠敏、古健緯。

從餐桌到產地，
從記憶到技藝，
演繹經典料理。

感謝

洪淳嵐、蔡金水
協助族語翻譯及全文審訂

lrayuwan kanmu na dinkalranan di ma'idangan.

感謝　所有守護並傳承部落文化的族人
攜手成就《食光 ‧ 時光 — Kasavakan 飲食記憶誌》

食物文化記憶探尋的在地行動

　　人們對於食物的味覺記憶，往往牽動、勾勒出不同人群在土地時空之間的移動圖譜，構成既是地方亦是國家的文化風景。然而在東臺灣這片多元族群佇足的土地上，食物記憶更加揭示了歷史命運輪轉下、族群移動交疊間，所充滿強烈根性及文化反省的地域特色。

　　在今日，殖民歷史的裂痕與市場經濟的助瀾，造就我們對食物精緻化趨之若鶩，卻和早期戮力取得食物的原味，相距甚遠。彷彿忘了什麼是真正原味的我們，在此時此刻感到需要，試圖敲開一段遙遠過往的滋味記憶之磚，迴溯在地耆老的食物記憶之源。每當多問一句，被遺忘的食物名字將有機會再度浮現，然而，每多走一步，那記憶中的食物卻在今日的地圖上，逐一消失。

　　帶著這樣的關懷，我們開始嘗試與臺東地區的 Kasavakan（射馬干）、Pasikau（巴喜告）、Kaadaadaan（電光）及 Lalauran（拉勞蘭）等部落的在地工作者形成協力團隊，共同進行在地飲食文化記憶的探尋之路，一一探究時代與環境變遷造就的族群食物記憶與生命故事，並嘗試將其作為部落社區轉化及應用在地知識的資料基礎。

　　我們在這個美味廉價的年代，望向那個用盡力氣才能取得食物原味的年代，如何再現記憶中的食物，嘗試回復並接續時代、自然環境、族群文化既有的多樣性，使食物重回我們的生活主體，是我們企盼推動的目標。

Kasavakan 在地協力工作者卓幸君，針對部落長者進行飲食記憶與料理再現的採訪，完成 11 道記憶料理主題。採訪的飲食文化記憶，以 1950 至 1980 年代的環境場域變遷為主線，由位居於知本溪流域淺山平原間的聚落，向被包覆的山、田、溪、海這四個空間向度展開，彙集在這片土地上流動的族群所展現變遷中的文化記憶來紀錄書寫。而，在這一來一往的採訪互動過程中，透過再現即將消失在家庭餐桌上的食物氣味，逐漸循線找回在地部落族人對過去傳統耕種採集及捕撈文化生活與土地環境利用智慧的思考。除了進一步思考傳統作物復耕的可能，部落也開始舉行傳統漁撈飲食文化傳承活動，並於部落文化成長班注入對所在地海岸漁撈知識及環境變遷的課程，教育下一代對在地知識的生活運用與關心。

生活在當代斷裂的語彙及為多元紛雜訊息切割了的我們，要如何能將傳統社會且不斷變遷的語言與文化經驗裡，有意識地接住那祖輩傳遞的土地邏輯與精神，延續於現代的形式，回到日常之中？

食物是生活的核心，然而食物不只是食物，也是連結各種關係（歷史的、族群的、環境的）、記憶、語言與邏輯的行動媒介。回頭檢視復現傳統飲食記憶的過程，最終端看能夠接住的邏輯與精神會是什麼，以及如何有意識地將之延續、實踐於日常，無論是藉由回復傳統做法的練習，抑或融於現代形式的傳達。如何能在這個有心實踐卻仍然面臨日漸消失的現在進行式中，更進一步提高意識並持續實踐於生活、改變環境，是需不斷關注及努力發展的課題。

東台灣研究會
【地方原味記憶@臺東】計畫團隊

※ 本書承蒙文化部國家文化記憶庫補助計畫支持，及財團法人原住民族文化事業基金會補助出版。

循著食物的氣味重溫土地記憶

　　食物，伴隨著成長的記憶，像是種銘刻，烙印在心裡、迴盪在腦裡。餵養我長大的臺味家常菜，逢年過節充滿儀式感的糕餅粿和澎湃功夫料理，成為離家後反覆咀嚼的鄉愁，是無可取代、最有溫度的，家的味道。

　　食物，像是時空座標，收藏走過的足跡，記憶了人生中的重要時光。早已忘卻曾經生活過或旅行中的細節，卻永遠記得屬於那裡的滋味，每當嚐到某道菜餚、某種味道，總能觸動心弦，重新解鎖被遺落在記憶深處的故事。

　　身為漢人，舌尖上的酸甜苦辣，在走入原住民部落後經歷了驚奇連連的文化洗禮。跟著獵人生食讓人頭皮發麻的飛鼠腸，屏住呼吸嚥下臭味薰人的醃魚，迷茫喝著墨綠濃稠、肉塊還帶毛的山肉湯…，餐桌上的色香味帶給我強烈的感官衝擊，也開啟我的視野，慢慢從料理中認識人與食物、食物與土地的關係。

　　2011 年來到 Kasavakan，家裡的餐桌是最真實的田野觀察，婆婆林英妹烹煮的菜餚中有著各式野菜的身影，隨著時令而來的竹筍、semanin 輪番上桌，不時還有親友分享的食材，雨後的蝸牛、狩獵的山肉、採收的蔬蕗、山地蔥…，每到節日則忙著蒸煮糯米飯，讓滿屋子飄散著小萊豆的清香。

　　祭典前夕，資深婦女、少婦、少女們總會齊聚一堂，一起包粿、釀酒、灌血腸、處理獵人帶回來的山產，精心準備一道道料理，在祭典期間把族人餵飽飽。年復一年，復刻著祭儀的滋味，也傳承了部落的飲食文化。這些貼身的日常，成為我學習並記錄部落飲食的積累。

餐桌上的菜餚，能窺見田野裡的一動一靜，農作、狩獵、採集、漁撈，從季節、取材方式到料理手法，自成一套豐厚的知識系統。餐盤裡，節氣分明的滋味，訴說著與環境共處的智慧，也收納著與土地互動的情感。然在環境變遷下，人們逐漸失去和自然環境緊密依存的關係，也漸漸失去和食物的牽繫，有些料理已隨著時光流逝成為失落的味道。

一口食物，一個氣味，就有一段耐人尋味的故事。《食光‧時光 — Kasavakan 飲食記憶誌》裡的 11 道主角料理簡單樸實，但卻是飽含情感的部落的味道，牽引著我們從食物回溯，娓娓訴說光陰的故事，重溫 Kasavakan 的土地記憶，看見部落的歷史文化與風土人情。

《食光‧時光 — Kasavakan 飲食記憶誌》裡的點點滴滴，有我這 10 年來的生活軌跡，謝謝一路上接納我、教導我的 Kasavakan 族人，感謝祖靈讓我們同吃一鍋飯、成為一家人，謝謝你們豐富了我的人生之味，也豐富了生命的寬廣。餐桌上的「我們」是最美的風景，謹以此書獻給所有 Kasavakan 族人，希望土地與人的記憶及技藝能繼續流傳下去。

作者　卓幸君 Sunay

目錄

10 | Kasavakan 部落食材地圖

12 | 聚落區
14 | 味噌醃肉　linungun
26 | 蝸牛野菜湯　siyaw a dindin
36 | 烤鵪鶉　kinerang a dademeng

50 | 淺山區
52 | 小米搖搖飯　ciniyuciyur
78 | 木薯湯圓　pinalaulr da kisaba
86 | 冰鎮酸辣湯　vinaleng

96 | 深山區
98 | 山豬肉　vavuy

120 | 平原區
122 | 糯米飯　kinaveras
146 | 燒酒鼠　kisiw a 'avutar

156 | 溪流區
158 | 刺蔥溪魚湯　siyaw a cuk

176 | 海岸區
178 | 浪花蟹　karukuy / visvis i lrevek

淺山

紫背草

竹筍

蝸牛

小米

家畜

聚落

深山獵區

飛鼠

山豬

山豬者

過山蝦

苦花

知本溪

10

Kasavakan
射馬干部落食材地圖

竹雞

木薯

刺蔥

平原耕地

稻

甘蔗

田鼠

家禽

牛

浪花蟹

知本濕地

太平洋

頁魚

聚落區

「Cepur」意指平坦緩坡。背山面海的棋盤式格局，是日治時期規劃的新社，原本居住在 Sinalikidan[1] 和 Ice'iceng[2] 等地的族人被遷居於此，各家戶分配到方整的一分地建立家園。新社建立後嚴禁漢人混居，直到國民政府解禁，逐漸成為多元族群匯聚的聚落。

1980 年代前的部落，房子少一點、矮一點，樹林多一點也高一點。整齊的砌石圍牆散發古樸，家屋旁圈養禽畜，大大的屋埕每到收穫季節總是鋪滿享受日光浴的作物，平常則是孩子們踢鐵罐、打彈珠的遊樂場。阡陌交通、雞犬相聞，人們緊密相依的有情鄰里，勾勒出塵世中的一方桃花源。

註¹ 意指大門、玄關。　　註² iceng 為腺果藤之意，Ice'iceng 意指長滿腺果藤之處。

linugun

味噌醃肉。

惜物愛物的風味保存術

「無論時代怎麼變，都要珍惜食物。」
_ 高玉春 (Api)

　　醃漬是部落婦女善待季節風土的手路，味噌醃肉保存住食物風味，在手作料理間也收藏了段段的人生之味。從小跟在外婆身邊的 ina 高玉春，不僅習得醃漬、烘烤、煙燻等各式食物保存術，無形中也把惜物愛物的態度實踐在生命裡。

　　「小時候常吃 linungun，家裡都會醃好放著，直接生吃或煮湯都很下飯。不管煮什麼湯，只要放一點醃肉，味道就香～～的不得了，讓人胃口大開。」直到今日，歷經時間沈澱封存、展現深沈豐盛滋味的味噌醃肉，依舊是廚房裡不可或缺的靈魂要角。

pulriyungan
豬圈

養豬是早期農村社會普遍的家庭副業，國民政府來臺後，針對豬牛羊開徵屠宰稅，經登記在豬體蓋上藍色印記後才能宰殺，若未經許可而私宰就會開罰。族人為了規避屠宰稅，只能躲起來偷偷殺豬，或假報豬隻病死、跑掉失蹤，藉以減輕稅賦負擔。

從前圈養在家屋旁的豬隻以黑豬為主，大都以地瓜、木薯、地瓜葉煮熟後餵養，據說是漢人進入部落後才開始出現白豬，而相較下還是黑豬的肉質較為結實且口感 Q 彈。

最早的豬圈是以竹子或疊石圍成一小圈作為豬窩，之後陸續改用空心磚、紅磚、鐵欄杆等建材。雖說是圈養，但豬隻不需要特別看管，白天任其自由活動、遛達逛大街，天黑再把牠趕回豬圈。

煮豬菜、掃豬圈、挑豬糞，是許多人的兒時差事，隨著時代變遷，族人早已不再養豬，昔日的豬圈大多拆除殆盡，僅存者均轉為倉儲使用。

linungun
味噌醃肉

在日本人來之前，族人都用鹽巴或酒釀醃肉，日本人來了之後才開始改用味噌。整體而言，味噌醃肉的風味更勝於鹽醃熟成的滋味，因而成為主流。而過去罕見玻璃罐，醃肉均存放在陶甕裡，醃個 2、3 天就可以拿出來食用，幾乎家家戶戶都有這道儲備糧食。

製作方面，首先將豬隻的皮下脂肪切成適合入口的大小，加入適量味噌，接著不斷搓揉攪拌，讓味噌均勻分布在豬脂肪的每個方寸，拌勻後即可裝填至玻璃罐，盡可能的壓緊裝滿後密封。另外，有些人會淋上些許的料理米酒，增添風味。

味噌醃肉除生食外，和樹豆、長豆、各式野菜一起煮湯，或以蒜苗爆炒、煎烤都很對味。在味噌的調和下，豬脂肪吃來一點都不覺得油膩，而醃漬的天數愈長，風味就更加獨特。

1_
豬脂肪切塊

食材

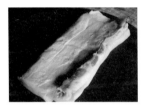

tiwngan
豬脂肪

miso
味噌

2_
放入味噌

3_
均勻攪拌

4_
拌勻後裝瓶

芋頭粉味噌醃肉

芋頭乾

除味噌之外，芋頭粉 ('emu a vu'ir) 也是醃肉的最佳拍檔。充分瀝乾的豬脂肪，輕輕涮過米酒，將芋頭乾磨成粉後和味噌攪拌在一塊，2~3 天後即可食用，風味較單一配方的味噌醃肉更增添了濃郁芋香。

ina 說，醃肉一定要用新鮮豬肉，製作過程絕不能沾到生水。早期以鹽巴醃肉，講究一點的會加入汆燙後陰乾的芋頭梗，存放時間一久，醃肉的口感又香又酸，很是迷人。也因此，儘管現在有了冰箱，用不著以醃漬方式來保存易腐的肉品，但族人依舊喜愛這經典不敗的醃肉，各家戶都有專屬的配方及味道。

---

cinapa
小米月子粥

滋陰補血、通乳脹奶的 cinapa，是部落婦女坐月子期間的食療聖品。專用的小米在未脫殼前以小火乾炒，煸出香味後舂打脫殼，再和白米、薑末、味噌醃肉一起熬煮，熬煮時要不斷攪拌以免黏鍋。

飄散濃郁麻油香的小米月子粥，有助於增加奶水，只要家裡有人準備生產的話都會提早做好醃肉，好讓婦女在生產後得以滋養身體。ina 說，以前坐月子的時候每天都會吃 cinapa，一吃身體就發熱、氣血循環明顯加速，還得邊拿大毛巾來吸因脹奶而不斷湧出的乳汁哩！

cinapa a tiwngan
煙燻肉乾

過去沒有冷藏設備，火烤和煙燻成為保存豬肉的主要方式，而明火炙燒和長時間煙燻製成的豬肉乾口感截然不同。煙燻方面，先在肉條上抹上鹽巴，再懸掛在廚房爐灶上方，利用柴火的溫度慢慢的把肉給燻乾。

耆老說，通常燻到哪就吃到哪，以前老人家喝酒的時候，會隨性的割一塊下來配酒。此外，肉乾用來煮湯，香味十足且湯色清澈；切片後包進蒸好的糯米裡，再用月桃葉包裹，成了好吃的燒肉飯糰；或在湯麵上撒上幾片肉片，都增添無比迷人氣味。

---

tu 'ecur na valras a lriyung
豬睪丸

過去，當小公豬長大到一定程度後，族人會請專業的師傅來進行閹割，否則的話不僅長不肥，而且到了性成熟階段脾氣會特別暴躁，因此，除了留下來當種豬的公豬外，其餘一律閹割。公牛也是一樣，差不多到了長牙階段就得閹割，閹割後會比較溫馴。

閹割切除下來的豬睪丸，轉眼就成了餐桌料理，由於腥味頗重，得先汆燙再切片煮湯，或和蔥薑蒜、辣椒等調味料一起拌炒，然也有人獨愛那股腥味，直接切片蘸蒜頭醬油下肚。

inalruway
血腸

祭典期間之女子工事

　　過去每逢喜慶祭典等大事都會殺豬，整頭豬物盡其用，一點都不浪費。灌製血腸可以說是部落婦女的必修課，首先將豬腸翻面、以鹽水反覆搓洗乾淨，接著把結塊的豬血捏碎，加入韭菜為內餡，以鹽巴、胡椒粉和米酒調味，攪拌均勻後灌入乾淨的腸衣內，放入鍋中水煮至熟即可食用。

　　血腸要等殺豬時、有新鮮的豬血才能製作，加上製作過程頗為繁複，已經越來越少見，幾乎是只有祭典時才會出現的極品美食；當豬血的鮮嫩碰撞上韭菜的辛香，共同演繹出齒頰留香的風味。

1_　捏碎血塊

2_　切韭菜

3_　調味後充分攪拌

4_　將豬血灌入腸衣

5_　開口處以棉繩繫緊

6_　下鍋水煮，煮熟後食用

siyaw a dara' na lriyung
豬血湯

　新鮮豬血除了用來灌血腸外，還可以煮成限定版的節慶必吃料理－豬血湯。

　先在煮沸的鍋裡放入豬腸、心肝等整頭豬的內臟和部份肉塊一起熬煮，等到燉煮出鮮美風韻後，再慢慢滑入新鮮豬血均勻攪拌，當豬血逐漸凝塊、湯色趨於混濁時，加點鹽巴調味，最後放入一大把剁碎的韭菜和芹菜，讓豬血湯的香氣更上一層樓，濃郁鮮美的部落美味就可以上桌了。

　由於大鍋煮的關係，血和肉都各自變了樣，整鍋湯看來模糊，因而有「血肉模糊湯」之別稱。

lremawa'
分享祖先儀式

舉凡升職、退休、賺錢獲利，在人生有所成就的重要時刻，族人總會邀請巫師到家裡舉行傳統祭祀 - lremawa'（分享祖先儀式），獻上糯米飯、豬內臟串、酒、布料、錢幣等祭品感謝祖靈庇佑，其中，內臟串由豬隻的心、肺、肝、腎組成，汆燙切塊後串成一串，象徵著向祖靈獻上整頭豬。

儀式的最後由巫師帶領家族成員向祖靈乞求，在喃喃祝禱下，祖靈要給的東西就會出現在巫師的手裡，再一一分送給家族成員，通常祖靈賜與的祝福包括種籽（代表耕種收穫）、獸毛（代表狩獵收穫）、織線（代表織繡成果）、金箔銀箔（代表錢財收穫）等。

siyaw a dindin

蝸牛野菜湯。

雨後的小確幸

「蝸牛、南瓜、南瓜心和刺蔥是絕配。」
_陳玉華 (Sangpuy)

　　從前的孩子都是大自然的孩子，山林就是生活裡的日常，一草一木，每個角落展現著醉人風采，帶來豐富感動。

　　兒時跟隨父親到山上放牛，從前的山不像現在密集開發，放眼望去是一片遼闊深邃的森林。每當下雨過後，空氣無比清新且瀰漫著淡淡的泥土芬芳，此時，成群的蝸牛從草叢爬了出來，總是讓人撿的不亦樂乎，搭配每一季老天爺賜與的不同野菜，碰撞出千變萬化、令人驚艷的味蕾饗宴。

　　蝸牛野菜湯是雨天的小確幸，更是大自然給與的禮物，品嚐到料理的原始滋味，微微苦澀又帶著甘美，似乎就是漫漫人生路的寫照。

sayheng
菜園

　　家屋旁的一方小菜園，看似紛雜，實則擁有豐富的生物多樣性。以自然農法栽種的蔬菜瓜果，吸引蝴蝶、蜜蜂等昆蟲棲息覓食，毋須等到下雨天，掀開草地上的落葉就能見到蝸牛的蹤跡。

　　過去，蝸牛除供人們食用外，也會剁碎餵食雞鴨鵝，或和地瓜葉一起煮熟後餵豬。無論在聚落、平原還是山上的森林，蝸牛隨處可見，每當下雨過後，蝸牛大量湧出，是族人撿拾的最佳時機。

　　以前的環境純淨無汙染，撿來的蝸牛可以直接煮食，而現在在外撿到的蝸牛則通常要養在籠子裡一段時間，餵牠們吃些地瓜葉等食物，把體內的髒東西排洩乾淨後再做料理。

siyaw a dindin
蝸牛野菜湯

　　野菜的種類五花八門，蝸牛帶殼煮湯究竟和哪些野菜最搭呢？ina眼中陣容最堅強的黃金組合是：刺蔥、南瓜和南瓜心。

　　南瓜切塊待用，南瓜心先撕去莖梗上面的粗纖維，看似可以一次放入所有野菜燴煮，但實際上要按照食材特性依序放入滾水中才行，如耐煮的南瓜優先放入，很快熟的南瓜心慢點下，味道較重的刺蔥意在提味，份量不用太多，最後灑上鹽巴，大火滾約 5 分鐘即完成。

　　憑著多年經驗抓好時間，烹調出的蝸牛野菜湯味道甘美、風味獨特，恰到好處的保留所有食材的脆度與原味，堪稱完美。

dindin
蝸牛

siyak
南瓜

ludus a siyak
南瓜心

tana'
刺蔥

lramlram
薑

1_　清洗蝸牛

2_　將蝸牛倒入沸水中

3_　汆燙後撈起

4_　再度清洗後下鍋

5_　放入生薑

6_　南瓜切塊後下鍋

7_　依序放入南瓜心、刺蔥和鹽
　　巴，煮約 5 分鐘即完成

32

siwi
釜鍋

　　回憶過去，ina 說，以前老祖先所使用的烹調工具相當簡單，後來和漢人頻繁接觸及交易物品，才開始大量改用更為便捷的生活器具。

　　以前煮蝸牛野菜湯大部分都是用釜鍋來煮，族語名稱為「siwi」，是源自臺語生鐵鍋的外來語。

　　siwi 的悶煮效果頗佳，可以充分保留食材的原汁原味，除了拿來煮湯之外，也可以用來煮飯，以柴火、釜鍋搭配所炊煮出來的米飯，口感就是一流，特別香Q特別不一樣，因而以前幾乎家家戶戶都有釜鍋，堪稱是廚房必備標配。

kinerang a dindin
烤蝸牛

蝸牛身上帶有厚重的黏液，經驗老道的 ina 說，絕對不能直接用水洗，否則黏液會愈洗越多，最好的方法是以燒柴後的灰燼沾取黏液後刮除，若嫌麻煩，直接帶殼水煮就能有效去除惱人的黏液。

老一輩的族人總說，從前森林裡頭的蝸牛都很乾淨，不用洗就能直接烤來吃。以竹籤挖肉或破殼取肉後，用樹葉稍微擦乾黏液，接著以削尖的細竹或鐵絲刺穿，就如現在坊間串燒烤雞屁股那樣，把幾個蝸牛給串成一串，放在架子上火烤，烤到乾乾香香的就能下肚了。

sinereser a dindin
三杯螺肉

比起煮湯的鮮軟口感，有人更喜歡爆炒螺肉的 Q 彈嚼勁！首先將螺肉挑出清洗乾淨，油鍋熱了之後，將蔥薑蒜、辣椒入鍋爆香，爆出香味後放入螺肉拌炒，接著加入醬油、米酒等調味料，持續翻炒讓醬汁可以被螺肉充分吸收。醬汁收乾後放入九層塔，炒到九層塔變軟就可以馬上起鍋盛盤，帶勁的三杯螺肉大功告成。

有些人在炒螺肉前會先放入沸水中汆燙，有些人則直接料理，端視個人習慣而定，而有人在料理過程會灑上些許白胡椒粉，又是一番不同滋味。

vucinun a dindin
蝸牛卵

在處理蝸牛時，部落婦女會仔細檢查有沒有「蛋」，所謂的蛋指的是蝸牛卵，如果有的話會另外摘除泡在水裡。ina 說，泡在水裡才不會黏成一團，而且附著在上面的髒東西會脫落分離，整體而言比較乾淨。

比起蝸牛肉的行情，蝸牛卵的市場收購價格更高，而族人也很愛拿來料理，生薑爆香後和蝸牛卵一起拌炒，起鍋前放些九層塔提味，保證色香味美，或是炒三杯加點辣椒，濃郁滋味最適合當下酒菜。而為了避免蝸牛卵組織被敲壞，通常會先汆燙蝸牛，再用竹籤挑出卵來。

'uled
蟲蟲大餐

天牛幼蟲

野外的蟲蟲大餐相當豐盛，族人說，有一種住在樹上的樹螺 (kakitengan a dindin) 長得和蝸牛很像，但體型較小、呈現尖長狀，白天會用泡沫把自己包覆起來隱藏在樹葉上，晚上才出來活動。樹螺吃嫩葉維生，剪掉牠的屁股後，直接帶殼炒蒜頭、九層塔，就是一道比蝸牛還好吃的美食。

喜歡寄生在黃荊樹上的天牛幼蟲 (ulasip)，用火烤或爆炒都行，口感跟蜂蛹差不多。此外，老愛躲在椰子樹裡面，包括鳳梨園、學校操場草皮都能看到的雞母蟲 ('are'areman)，以及常見的蟋蟀 ('edulr)、蟬 (visvis)，都是以前小朋友的零嘴烤物。

kinerang a dademeng

烤鵪鶉。

烤盤上的天鵝湖

「大自然給什麼就吃什麼！」
_陳正明

「大自然給什麼，我們就吃什麼，地上爬的、水裡游的還有天上飛的…」

舌尖上的野味因時節而異，不同的季節有不同的鳥，而不同的鳥又有不同的抓法，考驗著孩子們的生存之道；炎熱的夏天一到，看我大展身手撲鵪鶉 (dademeng)，到了秋天，就開始製作陷阱等候過境的伯勞鳥 (muwalung)。

兒時仰望飛過頭頂的鳥群，偶爾也會想著牠的來處，天涯那端究竟是什麼樣的世界，自由的翱翔又是怎樣的滋味。無際的天空裡有著對未來的無限想像，而眼前最實際的還是等待烤架上的鵪鶉趕緊熟透，滿足口腹之慾！

以前到處都可以看的到野生鵪鶉，聚落周圍和田區都很常見，尤其是夏天時數量最多，總是喜歡躲在草叢，只要車子一經過就會被驚嚇的飛起來，有時候用燈光直接照射，還會愣在那邊呆呆的不會動，直接用手網撲就可以抓到，算是最好抓的鳥。

隨著環境變遷，農田開始噴灑農藥，鵪鶉愈來愈少見，到了現在根本都看不到，也就沒得吃了。眼見鵪鶉在烤盤上跳著天鵝湖，年少的記憶在族人腦海裡生動回放著，烤鵪鶉、九層塔炒鵪鶉、燒酒鵪鶉，都已是失落的滋味。

Cepur

Cevecevelran

Panapana'an

kinerang a dademeng
烤鵪鶉

　　以前的小朋友閒來沒事就會去撲鵪鶉，尤其是夏天，那時候的鵪鶉數量最多。抓到鵪鶉後拔掉羽毛、清除內臟，抹點鹽巴就可以烤來吃。族人的烤肉方式樸實無華，將石頭堆兩邊，中間架個鐵網，把處理好的鵪鶉平放在鐵網上，底下生火來烤。

　　烤鵪鶉做法簡單，在烤架上加熱後會開始滴出油脂，散發出四溢的鮮香風味，吃起來則是皮脆肉嫩、口齒留香，是道老少咸宜的料理。由於鵪鶉的骨頭比較細，有的人會烤得特別酥脆，連骨頭一起吃下去。

食材

dademeng
鵪鶉

1_

平攤火烤

2_

烤熟即可食用

捕鳥法

過去，族人最常捕捉的鳥類為鵪鶉、伯勞和斑鳩 (makacalun na tutur)，不同的鳥有不同的抓法；鵪鶉主要是用手網撲抓，伯勞要靠鳥踏陷阱，臺語名為「紅ㄍㄧ·」的鳥，則要用雞母蟲當誘餌才抓的到。

以前小孩子最常用的獵具是彈弓，用木頭削製而成，主要用來打斑鳩、竹雞、松鼠或野兔等小型動物。

斑鳩有兩種，部落周邊最常見的是灰色的，外表像鴿子，另一種是居住在後山森林，有著漂亮綠色光澤的翠翼鳩。斑鳩不容易捕抓，要架鳥網才抓的到，或利用晚上牠在樹上睡覺時用槍打。

pecir da muwalung
鳥踏陷阱

採集莉竹後，把葉子全都去掉，並修掉多餘枝節，只留一根具有彈性的側枝。在竹子頂端削出 Y 型缺口，中間放置竹片撐住，竹端兩側以燒燙的鐵絲鑽洞，接著穿線連結側枝，最後放置要給小鳥站立的踏板和偽裝成毛毛蟲的小草，鳥踏陷阱就完成了，鳥兒只要一踩到踏板就會被緊緊抓住。

鳥踏陷阱主要用來抓伯勞鳥，伯勞鳥喜歡站得高高的，所以選用的竹子愈高愈好。族人說，通常都沒有放餌，用小草放在上面假裝是蟲來誘騙；小草在空中飄盪，伯勞鳥會誤以為是毛毛蟲在蠕動而飛來。

斑鳩

pecir 製作步驟

1_ 採竹，削去枝葉

2_ 削出缺口

3_ 放置竹片

4_ 穿洞

6_ 放置踏板和偽裝成蟲的小草

5_ 穿線連結側枝

7_ 鳥踏陷阱完成

43

muwalung
紅尾伯勞

伯勞鳥喜歡居高臨下站在高凸處尋找食物，為了一嚐這季節限定的美食，族人自仲夏起即陸續採集莿竹囤放，利用閒暇時動手做陷阱。當秋風吹起，人們在田間空曠處豎起一排排的鳥踏陷阱，等候伯勞的大駕光臨，有些貪心的人甚至放上整面大網來捕捉，後來遭到政府取締才收斂。

許多人異口同聲地說，所有的鳥類以伯勞最好吃，因為牠的油脂最為豐富；拔毛、去除內臟後抹鹽火烤，肥美鮮嫩的肉質堪稱鳥中極品。曾有人為了這油滋滋的美食，甘願用大肥鵝交換幾隻伯勞鳥來解饞呢。

tuu'
環頸雉

如今貴為臺灣保育類動物的環頸雉，在部落周圍的族群數量頗豐，丘陵地、釋迦園或甘蔗園等旱作地，以及河邊草叢都是牠的棲息地，尤其在淺山地區常常可以撞見環頸雉悠閒散步或覓食的畫面，算是很常見的鳥類之一。

每到交配繁殖期，總會看到羽色鮮艷美麗的雄鳥展翅求偶，以及此起彼落、叫聲嘹亮的「嘎、嘎」求偶聲。過去，環頸雉也是族人的盤中飧，搭配薑片煮清湯，或用米酒燉成雞酒，是老一輩才嚐過的滋味，隨著保育意識抬頭，已經無人獵殺。

過境的伯勞鳥

入秋後，伯勞鳥開始南遷，聚落的空曠處成為牠們歇腳的休息站。猶如機場的航班依序起落，走了一批，緊接著又來一批，有時數量龐大，遠看就像一團烏雲往部落襲來，該有成千上萬的陣容吧，而牠們總是短暫過境就又起飛。

每當伯勞大軍到來，嘎、嘎、嘎的叫聲不絕於耳，耆老說，牠們 high 起來的時候真是吵死人了。後來隨著八哥愈來愈多，且兇悍的八哥會攻擊伯勞，因而伯勞鳥休息的地方開始遠離聚落，周邊空曠的田區才能見到牠們的身影。

經驗豐富的族人說，過了中秋還可以抓伯勞鳥，10 月下旬就不能再抓了，因為那時候已經變成留鳥，身上有很多蟲，絕對不能抓來吃。而隨著食物來源愈來愈便利且多元，加上保育意識抬頭，烤伯勞的滋味已成回憶。

蝙蝠洞

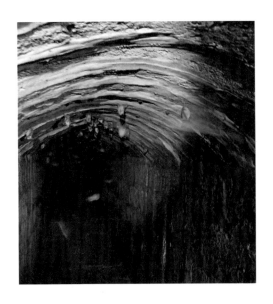

　　天上飛的不只有鳥，唯一會飛行的哺乳動物 - 蝙蝠 (lapic)，也曾是族人捕捉食用的對象。

　　人們口中的「蝙蝠洞」，是日治時期建成的砲陣地，隨著日本戰敗撤退，砲陣地遭到廢棄，逐漸成為蝙蝠的棲息地，據說可以看到不少蝙蝠倒掛在裡頭，有時候還能見到蝙蝠大軍從洞裡群起飛出的壯觀畫面，在那個什麼都吃、什麼都不奇怪的年代，蝙蝠也被族人烤來吃，油脂頗為豐富。

　　蝙蝠洞是以前小朋友探險試膽的去處，而後隨著臨近區域被開發，蝙蝠另覓棲地，如今的蝙蝠洞已是雜草叢生、一片荒蕪。

怪鳥 Dakadakaw

流傳在部落的口傳故事，很久很久以前，有隻巨型怪鳥叫作 Dakadakaw，經常在夜裡飛翔，發出 sling-sling 的駭人聲音，每當牠出現，總有族人就此失蹤不見，部落的人因而人心惶惶。

有一天，部落裡最受人喜愛的美少女在月光下搗小米，Dakadakaw 突然如閃電般俯衝抓走少女，悲痛的青年誓為部落除害，在耆老教導下製作陷阱，打算捕捉 Dakadakaw。

某天傍晚，一位勇敢的青年在廣場佯裝杵米，四週在火把照射下有如月光明亮，而這周圍都已遍布陷阱，就等 Dakadakaw 出現。

時間一分一秒的過去，正當大夥鬆懈之際，sling-sling 聲響揚起，霎那間 Dakadakaw 的利爪就要抓到青年，守候在旁的獵人群起以長矛刺穿 Dakadakaw 的翅膀，受傷亂竄的 Dakadakaw 跌落陷阱，最終為獵人們所制伏。

從此之後，族人的生命不再受 Dakadakaw 威脅，但發現，如果傍晚在部落上方聽見 wa'wa' 的鳥叫聲，往往第二天就有族人死亡，老人家說，這大概是 Dakadakaw 的靈魂在作祟吧。直到現在，只要聽見 wa'wa' 的鳥叫聲，族人都認為是不祥的徵兆。

Ngangay 和 Turu 的故事

　　一對夫妻生了兩個男孩，母親早逝後，父親續弦，而後母從未善待他們。有天父親出門打獵，後母帶他倆到田裡工作，弟弟因肚子餓而不斷哭泣，但後母拒絕餵奶，後來她自己也餓了，拿了烤芋頭就爬到工寮屋頂上吃，餓得發昏的兄弟只能撿她丟下的芋頭皮果腹。

　　眼見後母這麼嫌棄他們，兄弟倆萌生了離去的念頭，哥哥把背巾剪成翅膀和尾巴，和弟弟一起學飛。

　　不久，父親回來了，在家看不到小孩就外出尋找，走到一棵大樹時聽到樹上有孩子的聲音在叫著：「我們是被媽媽討厭的孩子⋯。」父親大驚，苦勸兄弟倆跟他回家，但鳥兒說我們已經長翅膀，不可能回到過去了，說完就拍拍翅膀告別。

女孩與鵪鶉的故事

《台灣卑南族民間故事》於 1987 年採集耆老陳玉英講述的傳說故事與鵪鶉有關。

有對夫婦生了個女兒，孩子還小的時候他們就去世了，成為孤兒的女孩飽受欺凌。某個寒冷的天氣裡女孩窩在工寮，看見遠處有火，心想那堆火如果能來她那裡就可以烤火取暖了。沒想到火堆逐漸向她靠近並停在她面前，有了溫暖的火後，女孩疲乏的睡著了。

原來那堆火是女孩去世的祖母帶來的，她抱著女孩說：「但願小女孩快快長大。」剛說完小女孩就長大成了少女，接著祖母唱起歌來，唱完女孩就有了合穿的衣服。

女孩醒了之後，祖母將一隻鵪鶉和一隻蠍子交給她，交代她回去後把鵪鶉放在院子裡，只要牠拍動翅膀，院子裡的垃圾就會被掃乾淨，而蠍子則要放在水缸旁，牠會讓缸旁的地上湧出水來。女孩回家後，按祖母的話去做，果然鵪鶉震動翅膀就能掃光垃圾，水缸旁也不斷湧出泉水來。

有天，女孩在心裡祝禱，希望今後都不要下雨，從那時起部落發生嚴重旱災，惟獨女孩一點也不缺水。為了報復村民對她的欺凌，她故意到屋頂洗衣服給大家看，口渴難耐的村民到她屋簷下接她洗衣的髒水喝。看見這畫面，女孩心中不忍，於是祈願解除旱災，天空開始下雨來，村民才又有水喝。

淺山區

　　聚落後方的淺山區域，農田、林地散布其間，樹種繁多的蓊鬱森林曾是放牧牛羊的牧區，由小米和陸稻兩大作物領銜主演的梯田，層層疊疊沿著山坡曲線鋪展開來，構成一幅如詩的畫卷，而這片寬闊土地裡蘊藏的動植物，則成為鑲嵌在淺山的豐富地景。

　　木薯、地瓜、芋頭，田區作物隨季而異；紫背草、龍葵、小番茄，各式野菜按節氣輪番登場；冬天的伯勞、夏天的蟬，雨後的鍋牛、天晴的竹雞…，大自然慷慨賜與的豐富食材，為族人的餐桌帶來無限精彩。

ciniyucivur

小米搖搖飯。

圍鍋而坐的溫馨共食

「吃同一鍋飯的就是一家人。」
_謝運妹 (Lringa)

　　簡單，就是最好的味道。小米 (dawa) 加上新鮮的各式野菜一起烹煮，過程中必須不斷攪拌以免黏鍋，屁股隨著攪拌動作而搖曳，因而被暱稱為「搖搖飯」。

　　肩負為部落及族人服務重任的巫師 mumu 說，我們都是吃這個長大的，一家人圍坐在熱騰騰的大鍋前，空氣中瀰漫陣陣氤氳，人手一支木製湯匙，挖取自己面前的 ciniyuciyur 食用，從鍋邊啟動，慢慢地往圓心挺進。

　　圍坐而食看似粗陋，但卻把家人的情感給緊緊圈在一起，邊吃飯邊聊天，享受溫馨和樂的氛圍，整鍋搖搖飯就在你一匙我一勺下吃個精光，一天的疲累總能在搖搖飯裡獲得撫慰。

53

nanta 'uma na dawa
共耕小米田

　　隨著社會經濟與飲食習慣的種種改變，小米蹤跡大量消逝，取而代之的是高經濟收入的生薑、釋迦等作物，到了近年，觀光休閒產業興起，部落後山的土地上則長出一幢幢的民宿、露營區。

　　為修補斷裂的文化，部落自 2013 年起展開小米復耕行動，透過重建小米田、共同看顧小米的方式，拉近族人與土地的親密關係。在 mumu 們的教導下，學習整地、播種、除草、換工、採收等工事，並深刻體認依循小米生長週期而運作的規範、分工、祭儀等文化意義，努力傳承小米文化。

ciniyuciyur
小米搖搖飯

　　鍋裡的水煮開後放入小米和稻米，由內而外再由外而內，手持湯勺輕柔的沿著圓鍋畫圈攪拌以避免黏鍋，等到米心煮到熟透後再放入野菜，加點鹽巴調味，小米搖搖飯就完成了。

　　加入搖搖飯裡的野菜，舉凡龍葵、苦萵苣、紫背草…都相當合適，老人家最喜歡帶有微苦的野菜，而且通常不只放一種，會同時加入好幾種菜一起煮，也因此，熬煮出來的搖搖飯風味獨具層次，隨著季節遞嬗變化多元滋味。

　　隨著湯勺規則律動，mumu 的記憶漩渦也隨之開啟，不像現在只要有錢就可以輕易的買到處理好的米，在過去，每一天的早晨都是從打米中開展；燒水等待的同時，斟酌拿取當天的食用量，接著以杵臼舂打脫殼、用竹篩篩去雜質，再下鍋料理。昨日種種，在當代看來，充滿了食物的儀式感。

料理步驟

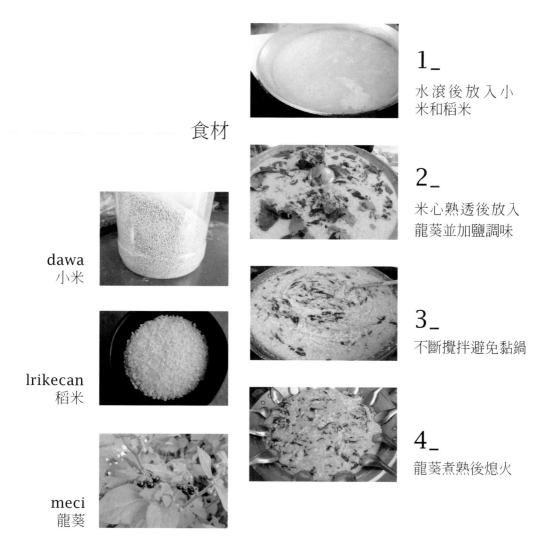

食材

dawa
小米

lrikecan
稻米

meci
龍葵

1_
水滾後放入小
米和稻米

2_
米心熟透後放入
龍葵並加鹽調味

3_
不斷攪拌避免黏鍋

4_
龍葵煮熟後熄火

mulingalingaw di 'umai
小萊豆及樹豆

通常小米田的周圍都會種植小萊豆、樹豆等作物，尤其是族人暱稱為香香豆的小萊豆，隨便種都會長得很好，等到小米採收時即一併收成。

香香豆的表皮很硬，剝除後才能料理，除了和糯米飯、小米飯一起煮，還可以炒菜、煮湯、燉排骨，散發的特殊清香深受族人喜愛。

在冰箱尚未出現的年代，老人家將香香豆曬乾後存放，經過日光加持，香氣又更上了一層樓，而現在有了冰箱，剝皮後就直接放到冷凍庫保存。至於樹豆，生長期較長，通常於年底採收，多用於煮湯。

'avay
小米粿

小米可以用來製作 'avay、小米酒和麻糬，這些食物是家族喜慶或部落祭典等重要時刻，才會盛裝登場的節慶滋味。

不同於現在採用新鮮小米的做法，mumu 說，從前製作 'avay 前會先將小米泡水一段時間，讓小米產生獨特的發酵味，有時甚至會泡到都長蟲，瀰漫一股酸酸臭臭的濃烈氣味後，才拿來製作。

將小米陰乾後舂打成粉，和水揉成米糰後包入五花肉等餡料，接著依序以假酸漿葉、月桃葉包裹，最後以棉繩綑綁定型即為 'avay；現代人已無法接受的酸小米 'avay，是老人家們無比懷念的珍饈。

---

tinukakuca a dawa
小米酒

小米蒸熟後放涼，撒上酒麴 (pikak) 拌勻後放入陶甕或玻璃罐裡，接著倒入一些冷開水，蓋上密封靜待發酵，幾天後就成了甘醇醉人的小米酒。

釀酒是件神聖的事，由此產生許多禁忌，除禁止孕婦和產婦釀酒外，婦女去過喪家、月經來時也都不能做。mumu 說，釀酒時一定要有美麗愉快的心情，這樣釀出來的酒才會好喝，若違反禁忌則肯定失敗。此外，酒甕要放在陰涼處，周圍不能有具酸味的食物和紅色的物品，否則酒就會酸掉。老人家叮嚀著，每雙手都有她的任務，如果釀了兩三次酒都失敗，就表示不適合做這件事，這輩子都別釀了，免得浪費食材。

pikak
酒麴

大風草

菊

七里香

芙蓉

　從前，釀酒是件不容易而又神聖的事，不同家戶都有著自己獨有的味道，而當現成酵母取代了自然取材、手工搓揉的酒麴，當小米酒不再飄散著植物發酵的香醇，老祖先的生活智慧、部落的釀酒文化，還剩下什麼？

　2013 年的 6 月及 8 月，我們試著以七里香 (lracay)、菊花 (valikulr)、大風草 (alapeting)、芙蓉葉 (vuuyung) 等植物製麴，期待藉由手作喚醒更多沉睡的記憶。

　無論是將植物舂打後製成的圓餅狀酒麴，或是經過數小時熬煮後取其汁液製成的圓球狀酒麴，通常都放置在鋪有黃荊 (sangliw) 的竹篩上，再依序覆蓋黃荊及布巾，放置於陰涼通風處，靜待麴菌長成。

製法 Ⅰ

1_ 將所有材料放入缽中搗碎

2_ 將汁液及殘渣加入糯米粉中

3_ 搓揉均勻

4_ 製成圓餅狀酒麴

製法 Ⅱ

1_ 將材料放入鍋中加水熬煮數小時

2_ 汁液冷卻後加入糯米粉中搓揉

3_ 製成圓球狀酒麴

1_　糯米飯攤平散熱

temuwakuca
釀酒

小米和糯米均得以釀酒，由於糯米取得便利且價格相對便宜，因而逐漸成為主角。首先將蒸熟的糯米飯攤平散熱，將酒麴搗成粉撒在冷卻的米飯上，充分混合後放入玻璃甕裡，倒入些許冷開水後密封。

玻璃甕在使用前必須用黃荊枝葉清理內膽，黃荊具有避邪作用，以黃荊輕拂的用意是消毒殺菌，也希望髒東西不要來搗亂。封存的酒不能見光，過去都是使用陶甕，如今改採透明玻璃甕則須另外罩上黑色塑膠袋，以免見光而導致失敗。

隨著酒麴和糯米交纏發酵，澱粉質轉為醣類，就成了糯米酒。族人純釀的糯米酒，唇齒間米香四溢、香甜醇美，酒精含量低但卻後勁十足。

2_　酒麴研磨成粉

3_　撒麴粉後拌勻

4_ 以黃荊殺菌

5_ 入甕

6_ 倒入冷開水

7_ 密封後再罩上黑色袋子

1 remavi
整地

　　每當元旦的 'amiyan（年祭）過後就準備整地種小米囉！整地的重點工作為去除雜草、石頭等影響作物生長的障礙物，並利用鋤頭、鐵耙等工具加以鬆土，此外，必須修剪小米田周圍的樹木枝幹，避免遮住日照及鳥類棲息而影響小米收成。

　　砍伐下來的枝葉雜草曝曬在陽光下，等到完全乾枯後焚燒，草木灰成為補充地力的天然肥料，讓孕育小米的搖籃更加肥沃。

　　小米通常一年一種，且採每年輪作方式，也就是同一塊地不能連續耕種，若連續種植的話小米會長得不好，因而隔年就得換到不同地方。而種過的小米田，有人會休耕讓土地休息，有人則改種豆類作物，輪作的慣習反映出對土地的呵護。

2 temhus
播種

撒播

條播

　　小米播種有諸多禁忌規範，如：不能出現火，不能大聲吵鬧、講不吉利的話，更嚴禁打噴嚏、放屁等行為。依據傳統分工，女生負責撒種子，男生以小鐮刀或小鋤頭在種子上覆蓋泥土，或用竹掃帚來回掃動，讓種子可以入土為安。

　　為免撒播不均勻，有的老人家會將小米和沙子充分混合後再撒，也有mumu說過去會把紅藜和小米混合在一起雜種。而除了主角小米之外，通常都會在小米田周圍種植玉米、南瓜、小萊豆、樹豆等作物，如此一來，不同月份都能有不同收成。

　　傳統小米播種採撒播方式，近年為便於年輕人學習除草及採收等工事，改採條播方式。

3 除草疏苗

經過春雨滋養，播種後的一個月，小米明顯抽芽長高，而周圍的雜草也一起長大不少，這時候就該除草了，以免雜草奪取小米的養分。

傳統耕作方式不施肥也不噴藥，均以人力來除草，小米田的第一次除草稱為「lumudang」，而在間隔約一個月後的第二次除草則稱為「marelru'a」。

剷除雜草的同時也進行疏苗 (sumu'uc) 工作，仔細梳理小米間的距離密度，將過密的小米苗拔起來，補種在較稀疏的區域，好讓小米能分布的更均勻，也讓每一株小米能擁有足夠的生長空間，如此一來才能有漂亮飽滿的結穗。

4 misa'ur
小米除草完工祭

　　過去，當小米即將完成最後的除草任務時，婦女們會穿戴工作服、攜帶除草工具，一早在頭目家、巴拉冠前或是某位資深婦女的家集合，由婦女幫團裡的年長者領頭，敲著 tawlrliwlr（警鈴）、喊著口號，帶著排列整齊的隊伍前往小米田。

　　敲著警鈴的用意是要告訴部落婦女今天是除草日，該出來一起工作了，而在工作之後大家就聚在一起歡樂，因為接著就可以輕鬆地等待收成了。

　　misa'ur 是部落婦女專屬的日子，響徹的鈴鐺聲宣揚著女人們的辛勤勞動，也展現無比的堅韌與力量。

5 venavulaw da 'ayam
趕鳥

　　時序進入 5 月，隨著梅雨季節降臨且氣溫逐漸飆升，小米生長速度直線加速，展現旺盛的生命力。小米穗愈來愈豐滿迷人，引來了鳥兒的覬覦，為了趕鳥，族人會用竹子製作趕鳥器 (capcapan)；將竹筒上半部縱剖，手持拍擊發出巨大聲響來驚嚇偷吃農作物的鳥兒。

　　除趕鳥器外，也會在田裡架起縱橫交錯的尼龍繩，綁上整串的鐵鋁罐，透過拉扯繩索發出哐啷哐啷聲來嚇走鳥群，並繫上隨風飄揚的反光彩帶，藉以嚇阻小鳥的掠食，免得辛苦栽種的小米被鳥給吃光光。

6 mare'ani
採收

　按分工習慣，當小米成熟時，由女生割下再遞給男生，以具有彈性的山棕莖皮綑綁成小米束。當一束束小米躺臥在朗朗日光下，散發出耀眼的燦黃光芒，總讓人充滿豐收的喜悅，這一刻，過去幾個月來的辛苦付出都值得了。

　採收後的小米經過日曬乾燥方可收藏儲放，沐浴在陽光裡的小米束，每隔幾小時就得翻身以求均勻曝曬。而小米在完全乾燥後還不能使用，必須由部落頭目率先進行dimila'(小米嚐新祭)，接著各祭屋依序完成dimila' 後，今年度新收成的小米才能開始使用。

emirik & sumuhesuh
脫粒 & 脫殼

1_　emirik 腳掌搓揉法

2_　temuwaketuk 酒瓶捶打法

3_　penarepar

　　小米要脫粒、脫殼後才能食用，在沒有機器代勞的年代，一切全仰賴人力。有人用腳掌搓揉古法，有的用空酒瓶敲打碾壓，還有以木頭製成、小米脫粒專用的秘密武器-「parepar」，透過高舉後垂放的衝擊力道脫穗，而在小米規模龐大的古早年代，乾脆開三輪車來回碾壓比較快。

　　脫粒後的小米以竹篩過濾雜質，接著再以杵臼舂搗脫殼：以竹片連接繫縛兩塊石頭而成的石杵，拿起來沉甸甸的，大大考驗技巧與體力，同時也考驗著兩個人的默契。

4_　venavitay 過濾雜質

5_　semuwahesuh 舂搗脫殼

6_　cemacapu
順風甩動

7_　penalalimi' 挑選

　　脫殼後的小米放在竹篩上輕輕甩動，輕
盈的外殼雜質立馬隨風飄走，而讓風兒篩
選完後還要再搗一次、再篩一次…，每完
成一回工序就要仔細檢查，確保留下最純
淨的小米。

　　脫穗後的小米梗，有個讓現代人意想不
到的妙用；燒成灰燼後放入竹筒裡，在竹
筒底部鑽個小洞，從上頭開口處注水後，
灰燼水順著小洞流出，是最天然的洗潤雙
效洗髮精，mumu 們都說，用這水洗過的頭
髮可是烏黑亮麗、閃閃動人呢。

dimila'
小米嚐新祭

小米收成後，在 7 月 20 日的 Kemaderunan（夏祭：小米收穫祭）來臨前，陳文生頭目率先於自家 karuma'an（祖靈屋：祭屋）進行 dimila'。向祖靈獻上結實纍纍的飽滿小米，並於祭屋內生火煮食小米，象徵著為祖先煮飯、請祖先吃飯，感恩祖靈庇佑的同時也秉明祭典即將到來。

頭目完成祭祀後，其他祭屋方能展開 dimila'。頭目說，dimila' 完畢才能把新的小米帶到外面，若尚未做 dimila'，則不能讓小米離開部落，這是對於祖靈的感恩與尊重，因而必須先秉告祖先、讓祖先先享用之後，才能開始使用新的小米。

　部落另一領袖家族 - 謝吉朗頭目一脈，固定於 7 月 19、20 日進行 dimila'。第一天於祭屋內生火煮小米，主責祭祀的家族男子逐一進入屋內，與祖先說說話並將小米飯分享給祖先，感恩並祈求祖靈護佑平安。

　第二天於祭屋懸掛新收成的小米，並以檳榔陣進行感恩分享儀式，家族男性逐一以糯米飯、水、酒獻祭給祖先。

　值得留意的是，女性不得進入謝家祭屋，據傳先人留下嚴厲叮嚀，一旦女子進入，則來年打獵都會打不到、收成也不好，因而嚴格遵守規範。

remnad
勇士精神舞

　　每到豐收的季節，族人總以無比虔誠的心感謝天地神靈的庇佑，也趁著農閒之際與一起同甘共苦的家人、夥伴共享歡樂。過去一連舉辦數天的 Kemaderunan，隨著社會經濟型態改變，濃縮在 7 月 19~20 日進行。

　　部落青年一字排開，隨著規律的警鐘抖擻地跳著 remnad，ila hu~ 嘹亮的呼聲響徹天際，穿梭在部落領域裡的大街小巷。昔日挨家挨戶收取進貢的小米，演變為今日收取 'avay、紅包、飲料等禮品，不變的是，為族人獻上祝福的樂舞，共享豐收的喜悅。

　　從前，每當小米採收，各家戶留下自家所需用量後，都會貢獻部份收穫給頭目作為公糧。身負照顧族人責任的頭目，會將小米分配給收成不佳、需要幫助的家戶，並挑選長得特別好的小米留種下來，若有族人的小米長得不好，就可以到頭目家換種。

　　小米是過去重要的主食，耕種期間需要大量人力，主要透過換工機制來完成，充分展現部落社會團結互助的精神。而從播種時的禁忌規範、採收後的嚐新祭到收穫祭，神聖的小米可說是文化靈魂的所在。

talingilr
精神圖騰

　　無從考據的年代，姐弟分家，各自帶領族人找尋安身立命的新天地，分離前約定，無論去到哪，都要在祭典前豎起高高的精神圖騰以便於彼此尋親。

　　於是，姐姐部落 Kasavakan 在每年 7 月 Kemaderunan 和元旦的 'amiyan 舉行前，都會立起高聳的精神圖騰，履行手足情深的約定，而弟弟部落 Katratripulr（卡大地布）則於 7 月份祭典時豎立。

　　以 Kasavakan 而言，Kemaderunan 舉行時的精神圖騰為男性形象，'amiyan 時則是女性形象。過去，受限場地等種種因素，Kemaderunan 豎立精神圖騰的慣習曾中斷數十年之久，直到 2014 年起再度重現。

vativatiyan a dawa
小米的故事

《台灣卑南族民間故事》於 1987 年採集耆老洪玉蘭講述小米的起源：從前有個名叫歐喇盧安的年輕人，好吃懶做又常偷東西，族人都很討厭他。那時候的祖先發祥地有棵榕樹，樹根穿越海洋延伸到蘭嶼，有回歐喇盧安又偷竊別人的東西，族人生氣之下將他送去蘭嶼，並且砍斷樹根讓他無法回來。

在蘭嶼的歐喇盧安徹底悔悟，打算把蘭嶼的小米帶回去給族人作為贖罪，因為那時臺灣還沒有小米，可是蘭嶼人說什麼都不肯讓他把小米帶走，最後他只好將一粒小米種子偷偷藏在包皮裡。

當歐喇盧安發現樹根已斷、無法回家時，傷心地望著大海，這時突然來了一隻海龜，得知他的故事後心生同情，於是要歐喇盧安坐在牠的背上，準備把他送回海的這一端。

海龜交代歐喇盧安牠將潛入海底，若歐喇盧安需要呼吸時就捏捏牠的耳朵，牠就會浮出海面讓他呼吸。最後，歐喇盧安回到了發祥地的海灘，回到家後趕緊將帶回的小米種在牆邊，不久就長出了臺灣的第一株小米。

pinalaulr da kisaba

木薯湯圓。

在味蕾裡團圓的幸福感

「永遠都不會膩的父愛滋味。」
_ 林賢美 (Kimbi)

　　從小望著父親的身影，穿梭在部落大街小巷田調，為族人建立珍貴的家譜資料，在家則埋首針線世界縫製傳統服，指著一個個圖紋娓娓道來故事與涵義，文化的滋養就這麼一點一滴紮實地蓄積在生命裡。

　　從美髮師轉身為工藝師，生命的無限可能在雙手間開展，回首在人生的轉彎處，仰賴父親給予的養分，拿起針線穿梭經緯織繡出豐美的圖紋，努力延續父親的精神，守護舊時光的技藝與知識，繼續訴說這片土地的故事。

　　手作木薯湯圓，如實復刻父親留下的味道，吃著一顆顆飽滿的湯圓，跳動在舌間的是無盡的思念，在味蕾裡找到團圓的幸福感。

Sinalikidan、Sina'sa'an

　　木薯種植以旱地為主，過去族人的栽種地點主要位於聚落後方的淺山地帶，傳統地名包括 Sinalikidan、Sina'sa'an 等地。

　　生命力極強的木薯，只要插枝就能生長，以前幾乎一年四季都可以採。族人最早栽種的木薯為白色品種，後來才有紅色和黃色，其中，白木薯主要拿來餵豬，和地瓜、地瓜葉混在一起煮成豬菜，人們則食用黃木薯。

　　包括木薯、地瓜、芋頭等根莖作物，早期多為自用，種植面積有限，開始出現經濟價值與買賣行為後，栽種規模才大幅增加，而後則遭到更高經濟價值作物的取代，目前已經沒有什麼人種植木薯。

pinalaulr da kisaba
木薯湯圓

　　木薯去皮後切塊，由於中心纖維很硬、口感不佳，因而要特別削除，而削掉的食材除了拿來當肥料，還可以作為雞鴨鵝的大餐。

　　切塊後的木薯以電鍋蒸熟，接著用湯匙壓碎，壓到軟 Q、黏黏稠稠的，再加入糯米粉一起搓揉，捏成一顆顆的湯圓後，放入滾水中煮熟即可食用。

　　木薯湯圓的口感比地瓜還 Q，不像糯米那麼黏，還能吃的到木薯的小纖維。此外，木薯本身帶有甜味，因而不用特別加糖調味，對此，ina 感慨地說，從前白糖是很昂貴的奢侈品，根本就吃不到，也就養成吃食物原味的習慣。

料理步驟 ————

1_

木薯去皮切塊

食材 ————

2_

以電鍋蒸熟後放涼

kisaba
木薯

3_

用湯匙壓碎木薯
後加入糯米粉

'emu na lrikecan
糯米粉

4_

搓揉成小湯圓

5_

將湯圓放入沸水
中，浮起即可熄
火

pinalaulr da kisaba
木薯湯圓 2.0

木薯絲

木薯除了搓揉成不加任何配料的湯圓單品外，還可以再進化成有豐富餡料的湯圓 2.0 版。使用刨絲器將木薯刨成絲狀，日曬至完全乾燥後，用杵臼舂打成粉狀，為求口感更細膩加以過篩，接著加水搓揉，就可以做包餡湯圓或 'avay。

ina 說，湯圓內餡包甜的或是鹹的都可以，以前有種花生，將花生炒過再磨成粉，就成了甜湯圓的內餡，而鹹湯圓主要都是放調味過的豬肉。雖然製作費工，但以前嘴饞的時候還是會做來吃，現在沒有種木薯也就嚐不到這料理了。

'emu a kisaba
木薯粉

木薯粉又稱樹薯粉，是從木薯塊莖提煉而成的食用澱粉，由於種植容易，產量大、價格相對便宜，因而成為市場上大量使用的太白粉，過去除了種木薯販售製粉外，族人也會自製木薯粉。

把木薯去皮，用刨絲器刨成絲狀，曬乾後用杵臼舂打成粉，接著放進容器加入清水，等澱粉沉澱後，去除掉多餘水分，沉澱的部份經日曬乾燥後，就成了天然的木薯粉。烹調食物時將木薯粉加點冷水就能勾芡，遇熱會凝結成透明稠狀，也可以用來裹粉做炸物，口感偏脆。

tanungen
野生黑木耳

木薯除了拿來吃，還會長出黑木耳，聽起來很驚奇吧！ina 說，木薯的梗很多很密，採收後只會留一點點來作種，其他的就放在田裡的石牆上，整個鋪在那邊風吹日曬雨淋，等到夏天尤其是颱風過後出太陽時就會長出很大朵的黑木耳，採回家後稍微清洗一下就可以馬上煮來吃，量多則曬乾保存。

老人家說，不只木薯會長出黑木耳來，只要是腐爛的木頭，環境夠潮濕的話都會長出黑木耳，以前在山上看到總會順便採回家，香氣和口感完勝市售的黑木耳。

'avurus
酒釀芋頭梗

族人種植的主要根莖作物還包括地瓜、芋頭、山藥等，最簡單迅速的料理方式不是蒸就是煮，當主食也可以當零食。其中較特別的利用是芋頭梗，除了和小魚乾一起煮湯外，以前的老人會用小米酒或糯米酒的酒釀醃漬；新鮮的芋頭梗稱為「vuwa'it」，以酒釀醃漬後稱為「'avurus」。

芋頭梗沖洗後進行短暫日光浴，曬到有點萎縮的程度，再度清洗後陰乾，等到完全乾燥即浸泡在酒釀裡。酒釀芋頭梗在醃漬數天之後即可食用，酒香和芋香交融出讓人回味無窮的氣味。

vinaleng

冰鎮酸辣湯。

盛夏的消暑聖品

「邊做會邊流口水，整個胃口都開了。」
_曾玉鳳 (Kimiliyan Adaudan)

野生小番茄的酸甜韻味，筍塊發酵後的酸勁和筍香，融合糯米椒的香氣、雞心椒的嗆辣，再加上淡淡蒜香，這鍋野氣與個性都相當到位、冰涼酸爽的原住民酸辣湯，是祖先流傳下來的傳統吃法，也是從小喝到老的開胃料理，酷熱的夏天有了它才吃的下飯，工作時帶到田裡喝才不會中暑。

直到現在，只要看到小番茄或雞心辣椒，就會直接聯想到酸辣湯，冰冰涼涼又嗆又辣的滋味，完勝任何汽水飲料，是無可取代的消暑聖品，光用想的就讓人忍不住流口水囉。

Ta'ilrang

　　過去部落四周到處可見野生小番茄，是走到哪都有得吃的零嘴，雞心辣椒則隨著鳥兒啄食後到處大便而散播開來，族人在採集上相當便利。

　　糯米椒是後來種植的作物，至於竹筍則漫生在後山竹林；野生竹子以莿竹 (kawayan) 居多，麻竹筍是 paylang（白浪，意指漢人）來了之後才有的產物，因而稱為「makapaylang a seru'」（漢人的竹筍）。

　　如今除了竹筍依舊得以在野外採得，野生小番茄和雞心辣椒已不常見，族人為了留住這習慣的味道，改在自家菜園栽種。此次採集地之傳統地名為「Ta'ilrang」，意指大水沖下來、形成河溝之地。

vinaleng
冰鎮酸辣湯

　　部落的冰鎮酸辣湯版本相當多元，有人喜歡青芒果的酸勁，有人非野生小番茄不可，各自揮灑出自家獨有的風味，而通常製作酸辣湯的水都用生水，不能用煮過的，老人家說，不是生水製成的酸辣湯都不好吃，一喝就知道。

　　雖然酸辣湯裡有著豐富食材，但族人大都只有喝湯，不會食用配料。以筍塊而言，泡在湯裡愈久，散發的香味就愈重，如果猛吃筍子的話，就會把味道給吃掉。ina 說，汆燙後的筍塊，如果能放個兩天讓它充分發酵再做成酸辣湯，湯汁的味道會更濃更好喝。

　　每當湯快喝完了就加點水，酸度不夠就放些小番茄，辣度如果降低就丟幾顆雞心辣椒提味，這鍋湯可說是源源不絕、會愈喝愈多啊！

食材

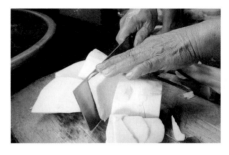

1_
竹筍切塊

kanavit
小番茄

2_
汆燙筍塊

kapaylang
kamangulr
糯米椒

3_
汆燙糯米椒

tala'esus
小辣椒

4_
壓破小番茄
釋放酸味

seru'
竹筍

5_ 鹽巴調味

6_ 放入冷卻的筍塊

7_ 拍碎蒜頭後放入

8_ 加入冷卻的糯米椒，主要提取香味。

9_ 壓破小辣椒，讓辣味施展開來。

10_ 倒入冰水攪拌後即完成

'aresem
青芒果

每到春末夏初，部落裡的土芒果樹結實纍纍，香氣和酸味都十足的青芒果，最適合用來製作酸辣湯。將鮮採青芒果削皮切片，加上野生小辣椒、汆燙過的筍塊，這道冰鎮酸辣湯的酸度更勝於小番茄版本。

不同於外界多把青芒果加糖製成酸酸甜甜的情人果，部落族人習慣做成鹹食，青芒果切成薄片後，直接蘸鹽巴生吃外，還可以蘸蒜頭醬油。看似詭異的組合，實際品嘗後會發現毫無違和，口感酸澀的青芒果碰上鹽份後澀度明顯下降，更加爽口鮮脆。

---

pina 'ateri a pu'eca
醃漬雞心椒

野生的雞心椒全年都可採集，個頭嬌小卻飽含嗆辣，而這讓人大呼過癮的辣勁只會在口腔裡放肆奔騰，不會辣到胃裡導致胃痛，因而深受族人喜愛。

為了加以保存，雞心辣椒洗淨陰乾後，以適量的鹽與米酒醃漬浸泡，一罐罐的醃製辣椒幾乎成為每戶人家的必備醬料。

醃漬的雞心辣椒放得愈久就愈香，十足的辣勁讓人享受飆汗快感。每當天氣燥熱、毫無食慾時，來個幾顆馬上就能開胃，炒菜時也可以放點提味。

'alrulrang
破布子

當竹筍盛產多到吃不完的時候，為了不浪費食物，老人家會將竹筍汆燙後曬乾儲藏，等到要煮湯或炒菜的時候再拿出來稍微泡水，很快就會軟化。

以前山上有很多野生的破布子樹，每到竹筍採收的季節也恰好是破布子結果時分，聰明的族人遂將兩樣食材巧妙結合在一起。

當破布子果實煮到黏液充分釋放出來時，放入煮熟的筍塊，接著加鹽巴充分攪拌，熄火起鍋、冷卻之後就會凝固成塊狀；破布子和筍塊交融出鹹香濃郁，非常下飯。

akanen na calunan
野菜饗宴

紫背草

天生地養的野菜豐富了族人的餐桌，俗稱黑甜仔、微帶苦味的龍葵是常見的野菜，嫩葉煮湯炒菜皆宜，放點生薑調味就很香，成熟的黑色果子則是解饞小點心。味道激似茼蒿的飛機菜，如今已愈來愈少見；愈採就長得愈茂盛的山萵苣(ama')，主要用來煮湯或稀飯。

野菜搖搖飯的首選是紫背草(kamusur)，加入山豬、山羌等獸肉湯最對味，跟小魚乾一起煮也很合拍。此外，紫背草的根莖可以煮成青草茶，不加鹽巴也不加糖，有退肝火之效；內服之外還能外用，搗碎外敷得以消炎止痛。

kenaw di rakkiw
珠蔥及蕗蕎

香味獨特、全株均可食用的翠綠珠蔥，族人暱稱為「山地蔥」，為了方便食用，蔥綠部份反摺纏繞，直接沾鹽生吃，口感帶有辛辣味，且在舌間散發出淡淡蔥香，是餐桌上常備的開胃菜。

外表酷似蒜頭的蕗蕎，飽滿的白色球莖爽脆嗆辣，洗淨後直接沾鹽巴食用，也可以拿來醃漬，有人用鹽巴醃，有人泡在醬油裡，滋味各有所長。更講究的作法是搭配鹽、白醋和砂糖等調味料加以醃漬，或混搭醬油、小辣椒和青芒果，各種別出心裁的排列組合，碰撞出讚嘆連連的驚喜。

深山區

　　亙古流傳的神話傳說，翻山越嶺的迢迢遷徙，跨越族群的聯姻網絡，鞏固生存的防禦征戰…，山的子民在群山環繞的密林中繁衍生息，走過歲月靜好也歷經動盪不安，在起伏轉折裡堅韌從容，譜寫一頁又一頁動人的族群風華。

　　千百年來，族人與層巒疊翠的山野共生共存，豐富的自然資源哺餵了世代的人們，大地之母滋養出豐饒的生活文化，祭儀、工藝、飲食…，在時間淬煉下綻放燦爛。儘管時代變遷，與山林的關係不若以往緊密，但不時的巡視與傳承行動依舊展現出守護的深情。

vavuy

山豬肉。

自然奔放的山珍野味

「這道菜是老天給的好運，吃的到山的氣息。」
_謝鴻章 (Boya)

「祖靈要給你的，自然會到手上，不給你的，再怎麼拼命也拿不到。」

自小跟隨長輩走山打獵、追逐著動物的足跡，日積月累，虔誠敬山的精神、膽大心細的狩獵技巧，早已內化成身體的一部份，自然而然的揮灑出山魂般的沉穩，就算與山豬搏鬥留下滿身傷痕，依舊展現從容無懼的獵人氣魄。

獵人的山肉湯粗曠豪邁，用刺蔥籽煮出來的山豬肉香氣特別厚實，這道野性十足、飽含山林風味的獸肉料理，是以前老人家的最愛。

Tevtevan

上一代的獵人最遠曾至小鬼湖打獵，近代狩獵區域則以傳統領域為限，往北與達魯瑪克部落為鄰，往南與卡大地布部落為界。

位於射馬干山北稜的 Tevtevan，地形就像切菜的砧板一樣平坦，因而得名。Tevtevan 是獵區，也是早期放牛的地方，據耆老口述，很久很久以前曾有阿美族人居住於此。

　獵人說，動物在不同季節出現的地方不一樣，冬天時往較暖和的山下跑，夏天則往山頂避暑，因而狩獵路線會隨季節而變。在獵人眼中，環境變遷從獵物的消長最能感受到：以前打到水鹿是很不得了的事，全部落的人要通霄跳舞慶祝，後來因為政府保育，水鹿數量多到下山來吃農作物，變得一點都不稀罕了，至於山羌、山豬等族群數量則與過去差不多。

放陷阱

　　追蹤動物足跡的獵人，擁有豐富的生態知識，早期狩獵方式除製作陷阱外，也會使用獵槍、弓箭、長矛等工具，而老獵人對於陷阱的操作最為熟稔。

　　在判斷整體環境、觀察動物的行走路徑後，挖洞把陷阱埋起來，接著覆蓋樹葉樹枝、撒上泥土雜草作為掩護，偽裝得與周圍環境一樣自然，靜待動物自投羅網。

　　耆老說，動物的嗅覺相當靈敏，佈置陷阱時要避免留下人的氣味，因此，在設置前要先用泥土、樹葉搓揉雙手，並盡量維持周遭環境的樣貌，以降低動物戒心。

1_
挖洞

2_
放置陷阱

3_
佈置陷阱

4_
在陷阱上
鋪樹葉

5_
撒上雜草
泥土偽裝

獸肉處理

1_ 淋熱水 | 2_ 刮毛
3_ 火烤　 | 4_ 支解

　　殺豬是男人的體力活，考驗著處理獵物的技藝。首先在山豬身上覆蓋麻布，澆淋煮沸的滾燙熱水，透過熱水的高溫軟化堅硬的山豬毛。接著以鐵湯匙作為工具開始刮除豬毛，由於山豬毛非常的硬，刮毛工作相當費勁，反覆的淋熱水、刮毛，末了再用噴燈火烤的方式徹底清除殘餘豬毛。

　　噴燈一烤，空氣中瀰漫著一股刺鼻燒焦味，等到火烤清理乾淨後旋即開膛解剖——取出內臟，將豬隻完全掏空後再切割支解，處理獸肉堪稱是精細解剖技術的展現。

vavuy
山豬肉

從前的從前，逮到的獵物毋須刮毛，直接剁下一大塊下鍋，就算是有著堅硬鬃毛的山豬也是連皮帶毛料理，在柴火燉煮下熬成一鍋黑黑濃濃的山肉湯。不只煮法原始，連吃法也很豪邁，人手一把小刀，邊刮毛邊吃肉，一旁還有人在磨刀呢！

山豬肉用生薑和刺蔥葉一起煮湯，加點鹽巴調味就可以，而以前的老人家特別喜歡拿刺蔥籽和紫背草來煮山肉，因為這兩樣食材都很有個性，有去腥的獨特香氣。

與刺蔥葉相較，刺蔥籽的辛香味沒有嫩葉那麼強烈，且略帶點檸檬氣息，耆老如此形容：「刺蔥葉是比較表面的香味，刺蔥籽是比較沉、有深度的香味。」刺蔥籽相對耐煮，一開始就放入鍋中，易熟的刺蔥葉和紫背草則最後再放。

種在部落的刺蔥，由於族人不時在摘葉子，因而很難結果。常在野外走跳的獵人，才有機會帶回野生的刺蔥籽，要重現這道古早味可說是可遇不可求呀！

vavuy
山豬肉

tana'
刺蔥葉

kamusur
紫背草

biyar a tana'
刺蔥籽

lramlram
薑

料理步驟

1_

把山豬肉放入沸水中

2_

放入生薑、刺蔥籽、鹽巴，煮約 2 小時

3_

放入刺蔥葉和紫背草

4_

煮約 10 分鐘後舀出山豬肉

5_

切片

6_

小刀刮毛

7_

傳統吃法 - 邊吃邊切

狩獵文化

狩獵的核心精神在於尊重與分享，除尊重天地萬物也尊重左右鄰居，各自的獵場範圍絕對不能越線，在過去，若侵犯他人獵場可是會引起部落戰爭的。

真正的獵人固守祭儀、學習狩獵智慧，懂得自制及自律；老獵人說，以前不會濫捕，只拿生活需要的部份，才能與山林共存共榮，因而每兩三年就會更換獵區。

過去打獵收穫會進貢給部落領袖，以山豬山羊來說，取右前腿作為獻禮，其餘獸肉則分享給族人，一分一毫物盡其用，如獸皮能製成服飾，獸牙、獸骨則做成裝飾品。

狩獵禁忌

獵具

上山打獵有一定風險在，因而衍生許多禁忌規範，如女生不能碰觸獵具，若前一晚的夢境不大好，隔天就取消打獵。打獵當天準備東西時，如果打噴嚏就要停下手邊工作約半小時後再進行，如果又打噴嚏，就不能出門。

以前的獵人會以竹占判斷出獵方向與吉凶，但竹占已消失數十年之久，老一輩的獵人倒還記得鳥占，鳥叫聲很像在哭的話就不要繼續前進，如果鳥很高興的叫，通常會有不錯的收穫。另外，在山上過夜絕不能睡在主要路徑上，因為那是祖靈的路，千萬不要不信邪。

icapa na rawa
煙燻獸肉

過去部落男子大多利用農閒的空檔時間上山打獵，有時出獵天數長達一、兩星期，為了保存獵到的獸肉，發展出煙燻、燒烤方式製成肉乾，不僅大幅減輕獵物重量，便於揹回部落與族人共享，更有效防止肉質腐壞。

將獵物去毛、剖肚清洗乾淨後，整個攤開架在灶上燻烤，利用炭火的熱力逐漸將獸肉燻烤成肉乾。有人說這是部落版的臘肉，而燻成肉乾的獸肉散發迷人的煙燻香氣，可以直接撕下來食用，也很適合煮湯，加點野菜就讓人吮指回味不已。

sinereser na rawa
三杯山產

山肉除煮湯外，重口味的族人習慣以三杯方式料理，鍋中倒入麻油，以小火將薑片煸至金黃後，放入切塊山肉轉為大火翻炒，接著加入蒜頭和少許糖拌炒均勻，倒入醬油和米酒大火煮滾，然後蓋上鍋蓋悶至湯汁收乾，最後放入九層塔，再嗆入一大杯米酒即可起鍋，山肉的腥味被壓制轉換為四溢香氣。

獸肉料理大多為熟食，生食方面，有些獵人會吃山豬和山羌新鮮的肝，在飛鼠為數眾多的年代，也有人會生吃飛鼠腸或是生醃來吃，如今這種吃法已相當罕見。

siyaw a lrusi
藤心湯

黃藤是日常生活常見的植物，早期除了作為繩索使用外，也能編製成籃子、揹袋等器物，在每年元旦的年祭祭典上，巨大的鞦韆座椅即由黃藤所編成。每到年祭前夕，部落青年就會集體上山 kiya' uway（採藤），帶回巨大的黃藤給老人家編製鞦韆座椅。

較嫩的藤心 (lrusi) 也是採集的重點之一，切段後和排骨一起熬煮，等到藤心煮軟之後，放點米酒和鹽巴調味即可食用，藤心剛入喉滋味濃苦，細細咀嚼就能嘗到耐人尋味的甘甜餘韻。

---

lramumu
臺灣胡椒

具有特殊細膩香氣的臺灣胡椒，是部落裡數一數二的調味聖品，除了和藤心一起煮湯相當對味之外，更是螃蟹湯、魚蝦湯等溪產料理最重要的靈魂，看似平凡的湯品，在臺灣胡椒的點綴催化下，舌尖上跳動開來的火花，是讓人難以言喻的心醉。

族人每到山上總是努力搜尋 lramumu 的蹤影，通常在河流附近的潮濕遮光處都不會讓人失望，有了它，下頓飯就有攝人心魂的迷人滋味。而除了用來煮湯提味外，臺灣胡椒還有外用消炎的作用，在山上如果撞傷就把葉子搗碎外敷。

pakadalram a mi'alrup
獵前祭祀（告知儀式）

「我們不會跟神靈要求說要給我最好的，而是說，祢淘汰的、不聽話的、祢不要的，再賜給我。」老獵人對神靈與大自然的謙卑崇敬，在狩獵前祭祀儀式的禱詞中顯露無遺，以絕不貪求的態度欣然接受四方神靈的任何賜予。

現在的獵人在入山前所作的告知儀式，大多以檳榔、米酒、香菸進行祭祀，老獵人說，為表示尊重敬仰之心，從前的入山祭祀會嚴謹的擺上檳榔陣，並將地瓜切片作為祭品，秉告天地神靈即將入山狩獵，祈求保佑平安順利。

pavuliyas
獵後祭祀回饋及隔絕儀式

　　每當獵人獵捕到山羌、山豬、水鹿、山羊等動物，回到家後處理獵物時，會特別取出肝臟('acay)進行祭祀回饋儀式。

　　以樹葉作為祭盤，將新鮮的肝臟切成小塊放在上面，除向祖靈報告收穫，以最虔誠的心感謝祖靈和山神所給與的獵物外，也感謝獵物付出生命，讓族人得以溫飽。

　　耆老說，以前是取獵物的下巴和肝臟一起祭祀，後來簡化為肝臟；若是猴子、果子狸等小型動物，就不用祭祀。而在從前的從前，對於出草而來的敵首，也會舉行神聖的儀式告慰戰死的亡靈，感謝祂們的犧牲。

mangayangayaw
少年祭

「ngayaw」指那些拿回來的頭顱，「mangayaw」（大獵祭）的意思是去拿頭，「mangayangayaw」（少年祭）意指練習去拿頭。從 mangayangayaw 到 mangayaw，男子在不同階段有著不同任務與使命，而這正是從男孩蛻變為男人的過程。

部落自主時代即建立的 palakuwan（會所）制度，男生從 cakuvakuvan（少年階段）進入 cakuvan（少年會所）接受訓練，隨年齡增長晉升至 valisen（勞役階段），在通過重重試煉及考驗後晉級為 vangsaran（青年階段），成為真正的男人。

從前會讓少年們飼養猴子，等到舉行 mangayangayaw 時，即令少年手持長矛刺殺猴子，目的在訓練膽識與服從，因而又名「猴祭」，唯該項風俗於日治時遭到禁止，改以草紮的假猴代替。

中斷數十年的 mangayangayaw，於 1993 年左右青年會為推動文化復振而復辦。如今，每到 12 月初，少年在耆老、中壯年及青年們的帶領下上山，學習生火、紮營、狩獵、植物等山林裡的一切技能，並在各式的體能與膽量訓練中，建立作為 Kasavakan 男子應有的態度與信念。

　　mangayangayaw 的壓軸重頭戲為刺猴，少年們團團圍住草猴，吟唱撫慰猴子靈魂的祭歌後，手執長矛刺死猴子，接著將猴子丟棄野外後，頭也不回的跑開，以免猴子的靈魂跟著回部落。

　　刺猴儀式完成後，穿著藍色短裙的小小兵，整隊跑回會所接受族人的迎接。族人為其戴上美麗的花環，慶賀著他們經過山野的洗禮後，又一年的成長與蛻變，而 mangayangayaw 就在少年與少女們攜手共舞，吟唱少年階級專屬歌曲的樂音中畫下句點。

cakuvakuvan 專屬頭飾 -pucung（攝影 _ 董孝華）

113

mangayaw
大獵祭

　　mangayangayaw 過後，緊接著登場的是 mangayaw。每當入冬芒草花開，部落勇士即集體出動巡視傳統領域，以驃悍的行動保衛領土、宣示主權，同時也進行狩獵，為即將到來的 'amiyan 預備資材與食物。

　　古代的 mangayaw 重點在於出草，青少年必須經此洗禮才能進階成年，而至日治時，mangayaw 遭到禁止，自此中斷數十年之久，直到 2013 年 12 月才重新恢復，改以巡視傳統領域、狩獵及採藤為主。

mangayaw 不只是部落男子的盛事，婦女也沒閒著。在男子上山前，婦女精心準備 'avay、醃肉等食物，送給親近的男子們，讓他們在第一天上山、尚未取得獵物前得以果腹。這滿懷情意的美好餽贈稱為 pucavu，於 2019 年開始恢復，以食物傳遞暖心的祝福。

mangayaw 為期數天，每當獵人歸來，走路有風、自信軒昂的強大氣場，彷彿踩在星光大道般受人景仰。穿著盛裝迎接的婦女與孩子們，爭相為男子獻上象徵榮耀的花環，給與大大的喝采與擁抱，感謝男人們的守護。

vativatiyan ni Samilikan
Samilikan 的故事

很久很久以前，族人居住在 Saliyaliyan 時，頭目有個美麗動人的女兒，名叫 Samilikan。

這天，勤勞的 Samilikan 一如往常到田裡工作，在野外時偶遇一頭身上戴有琉璃珠，散發靈性且外表神氣俊俏的公鹿。當神鹿深情地凝視著她，就在那瞬間，年少的 Samilikan 不可自拔的墜入情網，自此，一段不為人知的戀情悄悄展開。

每當 Samilikan 來到田裡，神鹿總會現身相會，而在每一回的約會後，神鹿都會送給她琉璃珠，以珍貴的琉璃珠表達真切的愛意。

由於神鹿前來相會時總會踐踏破壞農作物，日子一久，農損愈來愈嚴重，為此，頭目要求族人找出罪魁禍首，以免苧麻田 (另一說為小米田) 被破壞殆盡。於是，族人開始在田區設置陷阱，希望能逮到兇手。

心繫神鹿安危的 Samilikan，將族人設陷阱的消息通報給他，好讓他能避開危險，而隨著族人的戒備愈來愈森嚴，他們無法像從前那樣隨時都能相見。時間久了，難忍相思之苦的神鹿出現在田裡，盼望能見到 Samilikan 的身影，然等候他的卻是族人的獵殺。

　族人將掛有琉璃珠的鹿首帶回部落獻給頭目，當
Samilikan 看見神鹿的屍首時悲痛欲絕，打定主意要
追隨神鹿而去。她要求父親將神鹿的頭放在家門口，
好讓她能好好端詳神鹿的容顏，趁著家人不注意，
Samilikan 偷偷爬上屋頂一躍而下，尖銳的鹿角刺穿
她的身體，當場殞命。

　哀傷的家人不解 Samilikan 為何要以如此激烈的方
式結束生命，直到整理她的遺物發現一串串的琉璃
珠，才恍然大悟 Samilikan 與神鹿之間的深情。

likulraw di cumay
雲豹與黑熊

　　山林裡的動物曾上演精彩的愛恨情仇，部落裡有個代代相傳的口傳故事：雲豹和黑熊是一對皮膚相似的好朋友，但雲豹的心機比較重，黑熊則是忠厚老實的好好先生。有一天，雲豹提議彼此幫對方的身體畫出美麗圖案，要黑熊先幫牠畫，等到畫完牠滿意的圖紋後，再換牠幫黑熊畫。

　　小心眼的雲豹不希望別人比自己還漂亮，於是趁著黑熊打瞌睡時，隨手拿黑色顏料塗滿黑熊的身體，當黑熊醒來發現自己竟然一身漆黑，生氣得質問雲豹，但雲豹竟然只是淡淡回一句：「不然就絕交啊！」從此，雲豹和黑熊就不再是好朋友了。

ungay di 'arem
猴子和穿山甲

　　有一天，猴子看到穿山甲很會抓螃蟹，就跟穿山甲說：「朋友，我們來比賽好不好？」穿山甲說：「好啊，再把我們抓到的螃蟹一起烤。」等抓到差不多時，猴子提議先拿去烤。

　　看著那片茅草地，猴子心理盤算著，從中間燒的話他可以爬樹，而穿山甲沒地方跑就會被燒死，到時所有螃蟹就都是他的了，於是跟穿山甲說：「到大草原中間，那邊有茅草，就在那邊燒一燒、烤一烤。」

　　穿山甲不疑有他的前往，未料頓時燒起大火，猴子一溜煙地爬到樹上，而穿山甲則趕緊挖土藏在裡頭，結果猴子被濃密的煙給燻死了，整個身體萎縮到只露出白白的牙齒。

　　等到大火熄滅，穿山甲從地底鑽上來，看著樹上的猴子大喊：「朋友，你下來啊，快點來吃啊，你怎麼一直在上面笑我？」納悶猴子毫無動靜，穿山甲搖了搖樹，猴子就掉下來囉！

平原區

位於聚落東方，得利於利嘉溪和知本溪滋潤，經千辛萬苦開墾而成的良田，自19世紀末起成為 Kasavakan 族人的重要穀倉。水田景色隨著節氣變化，春耕時的無際綠毯，秋收季的金黃稻浪，零星散布的小水塘、潺潺的灌溉流水，交織出饒富韻味的四季風光。

緊跟著經濟發展腳步，甘蔗、釋迦、洛神花、黑網架起的茗葉園，紛紛取代了畦田。孕育豐富魚蝦的水塘遭到填土造陸，愈來愈多拔地而起的建築物，致使平原上的景致逐年而異，一個個地景變遷訴說著滄海桑田的歲月痕跡。

kinaveras

糯米飯。

平淡米香中的雋永記憶

「吃飽是最重要的，飯包代表家人的關懷。」
_ 古阿花 (Sangpuy Kadangilran)

從插秧、娑草、下肥、放水、收割、曬稻到打米，從耕種到上桌，深刻感受粒粒皆辛苦的付出，也更謙卑感恩天地神靈的保佑，讓辛勤的農務得以擁有豐厚的收成。

糯米飯總讓人想起小時候種田的情景，辛苦但也有趣，騎在牛背上放牛吃草、下田娑草時順便抓青蛙，童年的記憶在米香蔓延中反覆咀嚼溫習，是平淡但卻雋永的滋味。

以前沒有便當，糯米飯就是族人的飯包，除了以月桃葉包裹外，過去也常用黃藤製成的盒子來盛裝，是最古早味的便當盒。

123

Vacu'ecu

族人種植水稻約始於 19 世紀末、20 世紀初，據《臺灣地名辭書，卷三，臺東縣》記載：「早在清光緒年間就有屏東水底寮人洪科盤兄弟移入魚池舊社，教導卑南族使用牛耕，築射馬干圳，引利嘉溪水灌溉，並引進肥料使用觀念，使魚池附近變為稻田。」

據口傳，漢人洪狗昌一家來到射馬干居住，洪家大哥洪科盤曾擔任清領時期卡大地布與射馬干兩社的通事。後來洪狗昌與射馬干女子結婚，引進農耕技術教導族人耕作，並與族人一起興建射馬干圳，從而開始大規模種稻。

部落水田主要分布在臺九線公路以東區域，族人總說，以前最肥沃的耕地在知本火車站一帶，地名為「Vacu'ecu」，因蓪草眾多而得名。過往這裡有個深潭，可以抓泥鰍、鰻魚、鱔魚還能游泳，約在 1980 年左右因政府規劃興建鐵路而被徵收。

隨著族人不再大規模耕田，紛紛改種其他經濟作物，童年的稻浪、放牛的記憶，漸漸遠去。

kinaveras
糯米飯

糯米一年兩種，分別在 1、2 月和 6、7 月時插秧，過往多採換工方式相互協力，而糯米有圓糯和長糯之分，多數人喜歡吃圓糯米，因為香氣更勝一籌。

蒸飯看似簡單，但魔鬼藏在細節裡，要煮出香 Q 彈牙的糯米飯，可是要有真本事才行呢。首先糯米要先泡水 2~3 個小時讓它膨脹，經驗老到的 mumu 特別叮嚀，浸泡時間要視米種與新舊米而定。

糯米泡水後瀝乾，加入些許鹽巴和小萊豆，攪拌均勻後放進蒸飯桶。蒸一段時間後打開鍋蓋，用筷子在糯米飯上戳出幾個透氣孔，讓蒸氣可以上下對流，中間的米得以均勻熟透，戳完再蓋上鍋蓋繼續蒸。

等到糯米飯快要蒸熟時灑上一點水，保持上方的濕潤度，讓飯不至於太乾，也有人會灑米酒，讓糯米飯帶有一股淡淡酒香。

食材

lrikecan
糯米

mulingalingaw
小萊豆

1_
糯米泡水瀝乾倒入盆中

2_
加鹽巴

3_
放入小萊豆

4_

均勻攪拌

6_

隔水加熱蒸煮

5_

倒入蒸飯桶

7_

以筷子戳洞

8_

蒸熟的糯米

9_

取月桃葉包

128

lidingan
蒸飯桶

　　過去家家戶戶必備的蒸飯桶，大多
由部落裡的工藝師上山砍伐木材，純
手工製作而成。mumu 說，木質堅硬
的樹種才適合用來做蒸飯桶，否則受
熱後容易龜裂損壞。當飯蒸熟後一定
要趁熱倒出，一旦放到冷卻，會變得
更黏而難以挖取，而在習慣了飽含木
香味的米飯後，還真的是很難回頭去
吃電鍋煮出來的飯呢！

　　除了手製蒸飯桶，過去稻穀採收、
曬乾之後的儲放容器，也都是老人家
自己用木頭製作，將乾燥後的稻穀放
到一格一格的米桶裡，等到要吃或要
做粿的時候再拿出來舂打去殼。

pinalupuk

'avay 是所有粿類的統稱，凡是將米磨成粉後製成的食物，包括以假酸漿葉和月桃葉包裹製成的傳統食物 pinalupuk，以及漢人傳入的紅龜粿、發粿等，均稱為 'avay。

在從前，pinalupuk 是部落節慶的專屬滋味，製作過程相當繁瑣，將糯米用杵臼舂打成細粉，再加水揉成米糰來做粿，現在可以輕鬆買到現成的糯米粉，也就不再限定節慶才能享用。

豬肉、香菇、花生、蘿蔔絲，pinalupuk 的內餡配料任憑發揮，但 mumu 們堅持一定要用五花肉才會好吃，豬肉油脂均勻分布，口感才不會太乾。將餡料包入糯米糰後，用假酸漿葉覆蓋，接著以月桃葉包裹後綑綁定型，蒸熟即可食用。

食材

1_　揉糯米糰

2_　包餡

3_　以假酸漿葉包覆

4_　以月桃葉包裹後繫繩

5_　蒸熟即可食用

tinulre'eva
血桐粽

　　血桐粽使用的是生糯米，糯米浸泡在水裡幾個小時，讓它充分吸取水分而更加飽滿。餡料部份，帶有鹹味的切丁蘿蔔乾，和豬肉一起用油蔥拌炒出逼人香氣，就是簡單又美味的內餡，有些人則喜愛以醃肉和芋頭梗為內餡。

　　取兩片血桐葉 (uvuv) 相疊，鋪上一層糯米為底，放入拌炒後的餡料，蓋上滿滿的糯米，接著摺疊捆紮成長條狀，放入沸水中煮約數十分鐘，當空氣裡瀰漫血桐葉的香氣時即可起鍋。

　　水煮後的血桐粽，肥肉的油滲入米中，入口滑潤、香味滿溢，是祭典期間及各家戶招待貴客才會出現的限定版美食。

1_ 依序鋪上糯米和餡料

2_ 糯米蓋好蓋滿

3_ 折疊整形

4_ 綑綁定型

5_ 水煮

6_ 瀰漫血桐葉香的
tinulre'eva

'inangliw
酸湯圓

1_ 糯米泡水後瀝乾

angliw 意謂臭掉、臭酸，'inangliw 用來指稱酸掉的食物，而部落最臭名昭彰的美食非酸湯圓莫屬。傳統做法先將糯米泡水，泡到發出發酵的臭味、甚至泡到長蟲後，把蟲拿掉、把水瀝乾，把糯米春搗成粉，再加水揉成糰。

到了現代，食物調理機取代了費勁的春搗過程，將泡過水的糯米放入調理機內攪打，打成生米漿後倒入粿袋，緊接著用力擠壓水分。把米漿壓乾後，揉成有彈性的米糰，加入以鹽巴抓醃過的生豬肉後搓圓，待水滾後放入，依序添加八月豆、野菜、刺蔥、鹽巴等調味，湯圓浮起即可熄火。

2_
糯米放入調理機

在製作過程中，空氣裡飄散著濃烈的臭酸味，老人家顯露愈臭愈愛的笑顏，飲食習慣截然不同的年輕人則有點不敢領教。輕咬一口煮熟後的湯圓，奇妙的酸味在嘴裡流竄，沒嚐過的人一定要吃上一回，保證會一輩子記得這滋味。

早期，最常用來製作酸湯圓的食材是小米和木薯，除了豬肉外，包括芋頭梗、小螃蟹、蝸牛都可以作為餡料，搭配的野菜同樣自由發揮，有什麼就加什麼，唯獨氣味強烈、會蓋過湯圓味道的紫背草被排除在外，老人們異口同聲地說，不臭就不好吃了。

3_
打成米漿後倒入

4_ 加壓脫水

5_ 壓乾成漿糰

6_ 包餡後搓圓

7_ 水滾後放入

8_ 加入配菜

9_ 湯圓浮起即可熄火

10_ 經典酸湯圓

dinekel
麻糬

　　以前只要遇到節日喜慶都會搗麻糬和族人分享，將蒸好的糯米飯放入木臼中，兩人面對面站立，手持木杵不斷的輪流舂搗，而另一個人則將手沾濕，適時地翻動糯米糰，好讓糯米團能舂搗均勻。

　　透過不斷的舂搗，糯米飯的組織被搗到越來越細膩、也愈來愈有黏性，在溫軟的麻糬上灑些炒過的花生粉，滋味香甜可口，而將麻糬配上鹹魚來吃，更是一絕。

　　搗麻糬考驗兩人的默契，過去在祭典期間，未婚的男女會聚集在頭目家搗麻糬，那是年輕人示愛的時刻，男孩子會搶著跟心儀的女孩子一起搗，規律跳動的咚咚杵音除了慶祝豐收外，還隱含著情意的流動。

'inalidi
竹筒飯

部落耆老說，我們的竹筒飯跟人家不一樣，是香蕉飯，而且是沒有香蕉的香蕉飯。什麼是沒有香蕉的香蕉飯？聽了真是滿頭問號，直到動手製作才見識到傳說中的「香蕉飯」長什麼樣子。

將泡過水的糯米加點鹽巴攪拌均勻後放到竹筒裡，為免遇熱後大爆漿，大概裝個五分滿就可以了，接著倒水，用血桐葉封住竹筒開口。

一節節的竹筒一字排開，架在火堆裡燻烤，為了均勻受熱，每隔一段時間就要翻轉竹筒。確認烤熟後，如同剝香蕉般的小心剝開竹子，帶有竹膜、瀰漫濃濃竹香的香蕉飯就出現在眼前了。

rukenut
雨來菇

近年來興起的營養食材 - 雨來菇，有個浪漫稱號 -「情人的眼淚」，是族人從以前就很常吃的在地食材。以前的水田純淨無汙染，沒有使用任何農藥和化學肥料，也因此，下雨過後總會出現很多老天爺給的禮物 - 雨來菇，甚至有耆老說，插秧時踩踏過後留下的洞，有水的話就會長出雨來菇。

雨來菇沒有水的時候會萎縮黝黑，適逢甘霖就會長的飽滿翠綠，每當下雨過後，族人總會趕在太陽露臉前趕緊把雨來菇撿回家，將附著的泥土沖洗乾淨後，和蒜頭、薑絲爆香快炒，就是一道口感清脆的珍饈。

sangli
田螺

乾淨的水田不只孕育水稻，田間也滋養了許多生物，mumu 們最常撿的是尾巴扁扁的田螺，料理前先用鹽水清洗，接著剪掉尾巴，這樣煮熟後才比較容易把螺肉吸出來。

田螺可以煮湯也可以熱炒，熱鍋下油後，爆香薑絲和蒜片，接著加入田螺大火翻炒，放點九層塔提味，起鍋前將米酒淋在鍋邊再快速拌炒，頓時香氣爆衝，若要配酒的話可以再加點辣椒，味道更加濃郁。mumu 總說以前撈到的田螺都很肥美，現在因為汙染幾乎都看不到牠的蹤跡，而市面上養殖的田螺也和以前不一樣，現在養的田螺屁股都是尖的，以前則是扁扁的。

'op'op
青蛙

以前的水溝以石頭堆砌而成，體型大一點的 'op'op 都躲在水溝邊的草叢，一掀開就能跟牠對到眼。老人家說，青蛙很會跑很會跳，身體不好的小孩子多吃青蛙就能頭好壯壯、跳高高。

在田裡娑草是件苦差事，但總能抓到小青蛙 (kakiyas)，mumu 笑著說，一抓到馬上放在 kacing（綁腿）裡面，帶回家後把青蛙的腸子拿掉，生薑一拍，馬上就是一道鮮美的湯。

除利用娑草時順便抓青蛙外，有時晚上也會特地到田裡抓青蛙，用削得細細的竹片或鐵絲穿過牠的下巴串成一串。而除了青蛙之外，在田邊的水溝摸蜆仔也是老一輩族人的共同回憶。

dimila'
稻米嚐新祭

　　過去部落以旱作為主，兩大主食為小米和旱稻 (kalumayan)，其中，小米在 6 月收成後，於 7 月舉辦小米收穫祭，而旱稻則在 11、12 月採收後，於 1 月 1 日舉行年祭。

　　祭典舉辦前都會先舉行 dimila'，由頭目率先在自家祖靈屋進行祭祀，稟告祖靈並為祖靈獻上新採收的旱稻，接著各祭屋依序進行 dimila'，而在 dimila' 過後，新收成的稻子才可以開始使用。

　　水稻引進後，由於口感比旱稻來的好，加上產量大幅增加、相對具有經濟價值，因而族人不再耕種旱稻，也因此，後來 12 月舉行的 dimila' 改以水稻代替。

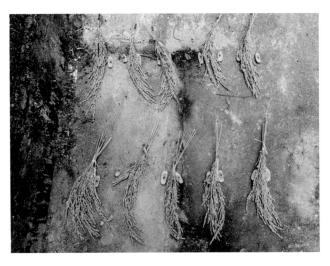

pu'alising
分享食物

攝影 _ 古健緯

　　Kasavakan 部落最盛大的祭典為元旦舉行的 'amiyan，高達數層樓的鞦韆 (tikelruwan) 是祭典最重要的標誌，追溯鞦韆由來，耆老說，為了避免孩子們在祭場嬉鬧干擾，老人家做鞦韆給小朋友玩，後來搭建的鞦韆越來越高，慢慢形成 'amiyan 的主要象徵。

　　'amiyan 展開前，頭目和巫師一早在會場擺上檳榔陣，獻上糯米飯、tinulre'eva 及酒水，祈求祖靈庇佑，讓祭典平安順利。而在祭典結束、鞦韆拆除後，隔日於部落南北兩側，以祭典期間製做的粿進行 pu'alising。pu'alising 為分享食物之意，向祖先做完儀式後，才能將新米做成的食物帶到外面分享，也為 'amiyan 畫下句號。

lremawa'
分享祖先儀式

　　作為日常主食，部落一年裡的四大祭事：春季農曆 3 月 3 日發祥地祭祖、盛夏舉辦的小米收穫祭、入秋後祭拜山水神及寒冬裡登場的年祭，族人都會蒸製糯米飯作為祭品獻給祖先。

　　上述祭儀所獻祭的糯米飯不只是糯米而已，還會加入小萊豆或肉絲、紅蘿蔔絲等豐富配料，而如果是在家裡舉行 lremawa'，則一律採用不加料的純糯米飯。

　　lremawa' 進行時，家族成員在巫師帶領下，依序放置糯米飯並倒酒倒水，意味著請祖先吃飯喝酒，把祂借給我們的福氣回饋給祂們，並祈求繼續庇佑祝福家人。祭祀後則家族團圓聚餐、互相鼓勵祝福，期待來年更加順遂。

kivalivaliya

　按部落傳統喪葬禮俗，出殯後的第二天稱為「kapadadiyan」，家裡的人不能出門也不能摸刀，要停止一切活動，安靜地在家沉澱心情。

　出殯後的第三天稱為「kivalivaliya」，要替過世的親人到祂生前常去的田裡巡視緬懷。一早，戴上斗笠、揹起裝有鐮刀等工具的揹籃，一如亡者生前在田間工作的模樣，接著，在田裡煮食地瓜，放上糯米飯、檳榔、酒水等食物，祭告祖靈這塊地的主人已經不在了，希望能繼續保佑新的接班人。

　mumu 說，祭祀後才可以開始恢復田裡的工作，而祭祀的物品必須留在田裡，祭拜完離開後就不能再回頭看。

田螺

《台灣卑南族民間故事》於 1987 年採集耆老陳玉英講述的傳說故事與田螺有關。

從前有個父母雙亡的年輕人，有天青年拿水桶在水溝裝水，沒想到有顆田螺進到水桶裡，青年於是把田螺養在家裡的水缸。

從那天起奇怪的事情發生了，每當他從田裡辛苦工作後回到家，餐桌上都已準備好熱騰騰的飯菜。他納悶極了，到底是誰幫他準備這些飯菜，但怎麼找都不知道那個好心的人究竟是誰。

於是，他決定躲起來偷看，查清楚這到底是怎麼一回事。青年在屋外等了很久，終於看見從水缸的田螺裡出來了一位非常美麗的少女，原來每天為他準備飯菜的人就是她。於是他出來和少女見面，後來倆人就結了婚。

會耕田的小狗

《台灣卑南族民間故事》於 1987 年採集到耆老洪玉蘭講述與水田有關的傳說故事。有個少年想讓家裡養的狗替他耕田工作，於是煮了地瓜又準備一個小型的犁，把狗帶到田裡後，在狗脖子上放犁，接著把煮好的地瓜丟在狗的面前，肚子餓的狗不斷往前跑去吃地瓜，與此同時也順便耕了田而且耕得很好。

村民知道後跑去向少年借狗犁田，可是狗被帶到田裡後，沒有地瓜可以吃就不肯拖犁前進。生氣的村民不斷打狗要牠向前走，最後竟把狗給打死了，傷心的少年得知後默默把死去的狗埋在田邊。

不久，小狗的埋葬處長出一根竹子，在少年細心的照料下長得很好，而掉下的竹葉被少年一摸竟然就變成了銀錢。村民知道竹葉變錢的事後，爭先恐後地來撿，但他們撿起來的竹葉並不會變成錢，由於妒忌就把竹子給砍了。

三番兩次被村民欺負，少年心裡相當難過，但也無可奈何。有天他撿了根竹子，削成一支煮小米飯時可以用來攪拌的竹棍。夜裡他做了一個夢，老天爺告訴他，煮飯時只要在鍋裡放水，用竹棍在鍋中攪三次就可煮出飯來。隔天他按夢中的指示去做，果然不用米就可以煮出飯。

村民覺得少年特別受到老天爺庇護，他們對少年的幾次破壞行為反而使他更加幸運，此後大家都公認少年是個有福氣的人。

kisiw a 'avutar

燒酒鼠。

解饞的得來速料理

「想吃東西就要想辦法、憑本事!」
_ 古金木 (Rukuy Kadangilran)

　　書本裡的世界枯燥乏味,唯有在大自然裡才有探索與學習的樂趣。從小跟著大人在田裡放夾子「登」田鼠,自然而然地練就獨立作業的本事,想吃肉的時候就到田裡放夾子,馬上就有好料煮成燒酒鼠,有肉吃還有酒香四溢的湯可以喝,堪稱是最解饞的得來速料理。

　　那年,小小獵人成功登到田鼠,不只滿足口腹之慾,也為自己帶來莫大成就感,人生方向就在山林田野、溪河海洋間鋪展開來。看似平凡,卻是在經年累月下練就一身絕技,如隱世的武林高手般,每每出手就笑傲江湖。

Samuni'

　　族人習慣在部落周邊的田區放吊抓田鼠，以田鼠的習性而言，酷愛啃食茅草根部和木薯，因此，只要有茅草和木薯生長的田區，通常都能找到牠們的蹤跡。而無論過去或現在，人們習慣在傍晚時分放置夾子，等到晚上再戴著頭燈去巡視收穫。

　　位於臺九線東側的「Samuni'」，係指曾有洪水、土石流經過，滿是爛泥巴、沙土堆積之地。此區域為族人和漢人的墾耕土地，早期主要種植水稻，後來改種茗葉、釋迦、香蕉等農作物，近年不少田地呈廢耕狀態，也因而成為田鼠的樂園。

Samuni'

pecir
捕鼠陷阱

　　用來捕抓田鼠的工具，族語名稱為「pecir」，泛指「陷阱」之意。田鼠是小型動物，所使用的陷阱和抓山羌山豬的陷阱大大不同，以前的獵人會用鐵絲、彈簧、鐵夾等材料，自己製作捕鼠陷阱，現在則大多在五金行購買現成的鐵夾，買回來之後再稍微改裝一下即可使用，只要一碰觸踩踏到陷阱，田鼠就會馬上被反扣夾住而難以掙脫。

　　由於捕鼠陷阱沒有尖銳的齒夾型結構，因而就算貓狗等其他動物誤踩，也不會造成致命性的斷肢傷害，算是最溫和的陷阱工具。

1_

觀察田鼠
活動路徑

2_

撥開草叢
放置陷阱

3_

以稻米作
為誘餌

4_

結繩為記

5_

獵物上門

獵鼠行動

　　站在田區的獵人，猶如指揮三軍的將帥，通盤概觀整體地形地勢與作物分布位置後，接著仔細觀察草叢傾倒方向，從腳印、排泄物新鮮度等種種跡象，判斷出田鼠家窩位置、主要出入的高速公路還有隱匿的逃生通道，然後調兵遣將放置陷阱，三路圍攻包抄，展現勢在必得的氣勢。

　　放置夾子後，將陷阱旁的茅草綁起來作記號，除了提醒其他人這裡有夾子小心誤踩，也提醒自己這裡有夾子記得來看。

　　沒有多久，就聽到吱吱叫的聲音，那麼快田鼠就上門了，眼明手快的獵人一腳踩住頭部，一手拉扯尾巴，吱吱聲戛然停止。

kisiw a 'avutar
燒酒鼠

　　族語「kisiw」是由臺語「雞酒」而來，無論是山肉野味或家禽家畜，想要滋養體魄的話，都可以用 kisiw 的方式來料理。全酒不加水，簡單的紅標米酒、薑片、肉，就是道酒香四溢、暖呼呼的食補聖品，若在冬季還可以加碼放入麻油。

　　族人都說田鼠很滋補很營養，燒酒鼠最適合做月子的產婦食用，吃了之後會很有奶水。喜歡酒味淡一點的，熬煮的時間可以拉長些，讓酒精充分蒸發掉，而若是喜歡濃厚酒味的 kisiw，則通常在煮沸後就立馬熄火起鍋，滋味嗆辣帶勁。

食材

'avutar
田鼠

lramlram
生薑

kuca
米酒

1_
火烤去毛

2_
刷洗乾淨

3_
取出內臟

4_
處理乾淨的
田鼠

153

5_　田鼠切塊

6_　生薑切片

7_　爆香薑片

8_
加入田鼠拌炒

9_
將米酒倒入
鍋裡

10_
將炒熟的田
鼠倒入鍋中

11_
大火滾後轉
小火約半小
時即可起鍋

料理鼠王

三杯田鼠

除了滋補的燒酒鼠外，田鼠還有其他料理方式，以熱水燙毛或火烤去毛後清除內臟，三杯或紅燒都各有所好。以三杯田鼠而言，生薑和九層塔要放的夠多，大火快炒後加入蠔油慢慢燜煮，Q彈的鼠肉散發出加乘的香氣與甘甜，令人垂涎三尺。

老獵人傳授一招目前已經罕見的絕活 - 煙燻田鼠！把田鼠攤開，用木頭或大砧板把牠的骨頭壓碎壓平，抹上白糖、醬油調味的醬料，接著用木炭煙燻到乾，就成了得以長期保存的鼠肉乾，口感就像豬肉乾一樣，要吃的時候再撕下來吃。

---

calunan a kisiw 藥草

冇骨消

放眼部落的 kisiw 料理，目前最普遍也最常見的方式是只加入純米酒燉煮，而在更古老的年代，據說老人家會採用不同的植物來增添 kisiw 風味。

據族語老師洪淳嵐的親身經驗，她的外婆會做藥草 kisiw，調研顯示，老一輩採用的藥草主要有四種：sayad（菁芳草）、kuliyasaw（假牛膝）、lrayac（冇骨消）、vuwalenan（益母草）。將上述植物剁細曬乾或烘乾後使用，各具獨特氣味的植物碰撞在一起，創造出讓人意想不到的驚喜，就算是只有加入其中一種植物，也都加深了 kisiw 的層次與風味。

155

溪流區

在以農為本的時代，知本溪是部落重要的灌溉來源，而這條河流也盛載著 Kasavakan 族人跨世代的回憶。

每當春雷一響，即昭告著毛蟹肥美的季節到來；雨季來臨前總會有家族性的漁撈行動，男人在上游搗打魚藤，女人和小朋友就在下游撿拾漁獲。每到夏天，跳進冰涼澈骨的溪水，一解盛夏的酷熱與黏膩。到了冬天，河床上汩汩流淌的野溪溫泉是最溫暖的懷抱，過去老人家還會在青山環峙的溪畔搭蓋茅草屋度過嚴冬呢。只是，過去緊密相伴的關係，隨著環境遭受破壞，再也回不去了。

siyaw a cuk

刺蔥溪魚湯。

餘韻無窮的苦甘滋味

「這是一碗老人喝了以後會掉眼淚的魚湯。」
_ 古金全 (Kinlring Kadangilran)

　　雨季來臨前的集體漁撈行動，抓到的魚不刮鱗也不去除內臟，加上隨手採摘的野菜，放點鹽巴調味，就是一道忠實呈現食物原味、略帶苦味的鮮魚湯。ama 說，以前的老人家最愛這種苦甘的味道，不是只有苦，而是香而且會回甘的滋味。

　　這道讓老人家懸念不已、餘韻無窮、在苦味消逝前會回甘的溪魚湯，隨著族人不再到溪裡捕魚，慢慢停格在記憶裡。一碗魚湯，讓人回味的不只是獨有的鮮美，還讓人忍不住追憶那一去不復返的純淨溪流，及集體捕魚、互助合作的美好時光。

dinanuman i 'eving
知本溪

　　從前的知本溪長年水量穩定，總是散發著旺盛的生命力，豐富的生態環境哺育無數生命，也為族人提供了多元的食物來源。毛蟹、過山蝦、石賓、日本禿頭鯊、苦花、爬岩鰍…，溪流裡的精靈奔放活躍，依著大自然的時序輪番登場，族人則嚴謹遵循著老祖先留下的智慧，奉守抓大放小的原則擷取所需。

　　90 年代後，天災與人禍改變了知本溪的面貌，溪流生態歷經浩劫，魚蝦回不了家，曾經生機盎然的溪流變得奄奄一息，也慢慢切斷族人與溪流的親密關係。

padawak
魚藤抓魚法

　　魚藤 (padawak) 具有毒性的部位在於根部，以魚藤抓魚的傳統漁撈方式稱為「padawak」。

　　一到河邊，首先觀察水流狀況，擇定最佳的截流改道位置，接著將大大小小的石頭堆疊起來改變河道，而為了達到最佳擋水效果，石縫處除了以姑婆芋、月桃等葉片塞滿外，蓋上帆布的效果更加一等。

　　魚藤若在急水區使用會被馬上沖走而毫無效果，因而必須先擋水、改水道。分水完畢後，在下游架設三角網準備攔截漁獲，接著再到上游的截水處搥打魚藤，使其汁液流入水中迷昏魚蝦，一段時間後再沿溪撿拾漁獲。

採集魚藤

4_
上游敲打
魚藤

擋水改水道

5_
撿魚

6_
收網

下游架網圍魚

7_
漁獲

163

siyaw a cuk
刺蔥溪魚湯

以魚藤捕抓到的漁獲，只需用清水稍微沖洗即可下鍋料裡。首先放入生薑和刺蔥，等到水煮沸後再放魚，加點鹽巴調味，倒點米酒讓湯頭更香醇，旋即熄火起鍋。

就族人的習慣而言，從溪裡捕撈到的魚，通常都不用刮鱗就直接料理，不刮鱗的原因在於這些魚的鱗片都是軟的，可以直接吃。

ama 說，抓到的魚通通都煮在一起，魚湯的最大要訣是，必須等到水滾了之後再放魚，接著轉大火快煮縮短烹調時間，如此一來方能避免魚肉老化，恰到好處的釋放出鮮美風味。

食材

vulralreca' 苦花 /dalusan 爬岩鰍 /
kavulrawan 石賓 /cuk 日本禿頭鯊

tana'
刺蔥

料理步驟

1_　生薑切片後放入鍋裡

2_　放入刺蔥

3_　水滾後放魚

4_　加入鹽巴和米酒後即可熄火

165

pu'asilr a kitengan na vulraw
涼拌小魚

　　族人捕撈到的漁獲大多經過加熱處理後再食用，但也有人特別酷愛生食涼拌、新鮮入喉的方式，在視覺及味覺方面頗為震撼。

　　從溪裡撈起一尾尾周身透明的小魚，蘸點醬油就大口吞下，堪稱是最生猛的吃法，據說可以直接嚐到最新鮮、最原汁原味的自然口感。小魚本身其實沒有什麼味道，除了蘸醬油有點鹹味外，講究一點的族人會另外加上芥末、辣椒等重口味調味料，有的還會再倒點米酒進去，感受滑溜溜的小魚在嘴裡舞動的滋味。

harang
毛蟹

　　老人家說，春雷一打就準備抓毛蟹了，毛蟹本來夾住石頭，打雷就會鬆開跑上來；大量的小毛蟹從溪口回溯往上爬，整個岸邊就像覆蓋了黑色的毯子般壯觀，以前隨便在岸邊撿一撿就可以裝滿整個麻布袋。

春天是毛蟹最肥美的季節，其他季節的肉質都鬆鬆的不好吃。料理方面主要採取清蒸或水煮，最能吃出毛蟹的鮮甜，有人會先用蒜頭生醃後再蒸，風味獨特。

過去知本溪的毛蟹非常多，在興建攔沙壩、飯店及風災等因素影響下，生態環境驟變，如今已罕見毛蟹蹤影。

'inateri
醃魚

以前沒有冰箱，捕撈來的漁獲除了立刻鮮吃，為了保存食物也會採取醃漬方式。

一是將魚洗淨瀝乾後抹上粗鹽再放進容器裡；另一種做法則是將魚放入容器後灑上一層鹽，用一層魚、一層鹽的方式醃製。醃漬幾天後即可開封食用，有人會直接生食，但多數族人還是習慣加熱料理後再食用。

除了用鹽巴醃魚來保存漁獲之外，也有人用日曬法來延長保存期，充分享受日光浴後的魚乾帶有天然鹹香，多用於煮湯。有族人表示，以前還會用味噌來醃 cuk（日本禿頭鯊）呢！

pa'alriwangan
水鏡

當陽光照射在波光粼粼的溪流，要把水面下的魚兒位置給看清楚著實有點吃力，這時就要依靠漁撈利器 - 水鏡的協助。將玻璃水鏡平放在水面上，就能把底下的魚兒動靜給看的清清楚楚，大幅提高射魚的精準度。

玻璃水鏡一體多用，不只能幫助族人觀察水中生物，還可以把撈起來的漁獲直接放進凹槽裡，是過去漁撈的必備工具。

將木頭削片，加上玻璃鏡片組合而成的水鏡，據傳始於日治時期，隨著玻璃物品的傳入才開始自製水鏡用於漁獵。

---

sulunung
蝦簍

蝦簍通常在傍晚放置，隔天一早沿溪上溯收回，「捕大放小」是先人流傳下來的捕撈智慧，若捕獲未成熟的幼蝦，通常將其自動放生，以保持溪流的生態平衡，不致因過度捕撈而導致物種滅絕。

傳統蝦簍以竹子削製而成，開口處施以竹籤倒插內縮，讓蝦兵蟹將進的去、出不來。耆老表示，主要以米糠、地瓜為餌料，用香氣來引誘蝦蟹上門；溪流湍急處不適合放蝦簍，水流平緩且靠近岸邊處才是上選，挑好放置地點後，還必須在蝦簍周圍堆疊石頭加以固定防止漂走。

tatusuk di angtip
魚叉及長夾

　　魚叉通常由數支鋒利的鐵製箭頭組成，這樣的設計可以增加刺中魚身的範圍，在水深較深、無法徒手撈取漁獲之處，通常要仰賴魚叉刺捕捕撈對象。漁獵技巧熟練者透過玻璃水鏡鎖定目標，出手快狠準，立馬就能精準的叉到魚，若技術不到位，就會在折射光線影響下一而再的和魚兒擦身而過。

　　經驗豐富的族人說，下叉時要比看到魚的實際距離稍微近一點、深一點，才能精準的刺到。而除了使用魚叉來射魚之外，族人也會使用貌似剪刀的大型長夾來夾取漁獲。

padawak
臺灣魚藤

　　魚藤是魚兒的迷魂藥，根部具有毒性，搗爛後將汁液流到河裡，會讓魚蝦蟹陷入行動遲緩乃至昏迷狀態，伸手即可捕撈。

　　臺灣魚藤僅具輕微且短暫之毒性，族人利用魚藤捕魚，不會對溪流環境造成永久性傷害，既可輕鬆抓到魚，且漁獲清洗後即可煮食，不致對人體產生傷害。

　　以魚藤捕魚的古老生活智慧，在今日看來仍舊令人讚嘆，除此之外，將其根部搗出的汁液抹在頭髮上，再用毛巾包覆起來，是過去族人用來殺死頭蝨的絕招。

Dilis　Tinula'ay　Sa'alan　'Ilas

Dilis

　　建和里建東聚落的傳統地名為「Dilis」，據《臺灣地名辭書，卷三，臺東縣》記載：「建東又稱原藤或蘿藤會社。昭和10年間，在南進政策下，東部地區成為熱帶性栽植業的重要實驗地，開始栽種毒魚藤、菸草，推廣樹薯種植。當時在此地區設立了南臺灣蒂利斯農場，以栽種毒魚藤為主。」

　　關於蘿藤會社工作情形，據《台東大知本地區發展史》記載：「魚藤用扦插法繁殖，在育苗後再移植到田裡，要經常注意灌溉、除草，約一年後即可收穫，只取頭莖與鬚根部位，曬乾後分開包裝裝袋，即由日本人收購帶走，未明其真正用途為何。」

Aduk 家族祭屋

pa'udalr
祈雨祭

昔日，小米播種後若氣候乾旱都
不下雨，頭目會和部落裡專門負責
祈雨的 Aduk 家族祭司商量舉辦祈
雨祭。

雨水的多寡攸關作物生長與族人
生存，因而幾乎所有族人都會參加
祈雨儀式，先到 Revuwa'an(祖先發
祥地) 稟告祖先，再到各溪流的溪
口祭祀，包括：華源溪、知本溪、
大南溪、豐源溪等處，透過祭司帶
領祝禱祈求天降甘霖。

耆老說，祈雨儀式會在溪中抓螃
蟹，用姑婆芋的葉子包起來，帶回
家放在水缸旁：螃蟹的嘴巴會冒泡，
就像會出水一樣，希望能為族人帶
來更多雨水。

pakadalram a 'enay
祭山水神

　　1973 年 10 月 9 日，強颱娜拉帶來豪大雨，導致土石流直衝部落，居民紛紛撤離避難，即將採收的農作物全都付諸流水，成為 Kasavakan 有史以來的重大災難。

　　之後，在信仰中心 - 敬山宮太陽星君的指示下，於部落後山的兩棵大茄苳樹下設立「忠收私發」石碑，派遣神兵神將鎮守；忠收私發為太陽星君降乩後所指示，意義不明。

　　自此，每年農曆 8 月 23 日不分卑南或閩客族群，居民都會準備祭品到此祭拜山水神，禮敬天地諸神、祈求合境平安，讓洪水侵襲家園的惡夢不再重演。

semapesap

　按傳統習俗，喪禮後的第四天要到河邊進行 semapesap 儀式。巫師祝禱後以芒草沾水進行潔淨，幫喪家去除穢氣與厄運，接著穿越以芒草搭建而成的拱門，意謂著就此陰陽兩隔，阻斷生者與亡靈的牽連，避免亡靈誤入空間。

　以前在河邊進行 semapesap，有的喪家會丟棄戴孝時的衣服，有人甚至剪頭髮、剪指甲，把一切不好的都放水流，而巫師用過的物品也都會丟到河裡。

　semapesap - 用水除掉的意思，把不好的都帶走，也意謂著「別靈」，作完這個儀式就要開始新的生活。

禮讓蝦子回家

在部落裡世代流傳的故事，在很久以前，祖先曾經居住在現在知本森林遊樂區的上方，傳統地名為「Tuavudu」。某一天夜裡，突然出現大量的蝦子進到部落爬進族人的家，小孩子被嚇得哇哇大哭，大人無法安穩入睡，白天都沒精神工作。

接著好幾個晚上都出現同樣情況，耆老們趕緊聚在一起商討對策，認為是部落族人占用了蝦子的家，既然現在蝦子回來了，族人就應該遷村把土地還給他們才是，於是就搬遷到別的地方，讓蝦子得以安居。

海岸區

「Kanaluvang」- 迎接日出之地，是海岸線上生機盎然、哺育無數生命的豐饒綠洲。受知本溪和射馬干溪挹注而成的「Muveneng」，族人暱稱為夢幻湖，肥沃水土滋養著藏身的魚蝦蟹，四周草澤環繞且水草豐美，是放牧牛羊的天然牧場；高低錯落的綠野樹叢，為環頸雉、小彎嘴畫眉等鳥兒提供安全棲息。往海邊走去，寬廣的沙灘是孵育海龜的溫暖住所，俗稱倒退嚕的浪花蟹就居住在潔淨沙岸的海裡。

豐富生態是野生動物的一方庇護，這裡也是昔日族人游泳嬉戲的大泳池，漁撈拿取食物的天然冰箱，唯自80年代的捷地爾綜合遊樂區開發案，到近年的大型光電建設案，面對經濟發展大旗，濕地的亮麗容顏蒙上幾許哀愁。

karukuv / visvis i lrevek

浪花蟹。

追逐浪花帶來的禮物

「抓倒退嚕是我們 5 年級生的快樂回憶。」
_謝宏春

　　浪花蟹全年都有，然由於 10 月過後東北季風日益增強，從事海域活動相對危險，因而通常在 4~10 月期間才吃的到這道美食。

　　族人稱為「倒退嚕」、「海邊的蟬」的浪花蟹，是部落 5 年級生的共同回憶，小時候到了夏天都會呼朋引伴一起從部落走到海邊游泳、釣魚，順便抓浪花蟹回家給媽媽加菜。

　　踩在鬆軟的沙灘，享受冰涼海水的親吻，久違的童心徹底釋放，從捕撈到上桌，不只是重溫久違的料理滋味，也是和天真的年少重逢。

Kanaluvang

Kanaluvang 位於 Kasavakan 東邊，泛指知本溪北岸下游出海口附近，沿線海岸是過去族人的主要漁撈區。在記憶裡，以前的沙灘比現在寬多了，總要走上一大段路才能下水游泳，如今海岸線大幅退縮，地形地貌全然變樣。

　緊臨海岸的濕地，傳統地名為 Muveneng，意指水流匯集的積水處，係由知本溪和射馬干溪匯聚而成，樣貌總是隨著水流挹注多寡而忽大忽小，每次颱風過後，湖面擴大且湧入大量魚蝦和螃蟹，徒手抓取就能有滿滿收穫。

誘捕行動

1_ 以小捲為誘餌

有著石頭般紋路保護色的浪花蟹，棲息在潔淨沙岸的海中，總是隨著浪花上岸覓食。浪花蟹特別喜愛腐臭腥味，咱們投其所好以小捲為誘餌，將小捲逐一串上鐵絲，就成了誘捕浪花蟹的陷阱。接著觀察海浪漲落點，沿著浪潮線放置陷阱。

潮起潮落，幾個浪花的時間過後，手持鐵籠或畚箕鏟起陷阱周圍的沙堆，接著拿到海裡讓海水淘去沙土後再仔細檢視。

浪花蟹的外表實在太像石頭了，這時可得眼明手快，快狠準地找出藏身在小石頭堆裡的浪花蟹，否則一不小心就會被牠給偷溜走了。

2_ 將誘餌插入沙灘中

3_　以腥臭味吸引浪花蟹

5_　浪淘沙

4_　浪退後挖取誘餌周圍沙堆

6_　抓取籠中的浪花蟹

7_　浪花蟹

liningling a visvis i lrevek
蔥爆浪花蟹

練就一身潛沙本領的浪花蟹，只有在乾淨無汙染的海域才會出現，大絕招是瞬間潛入沙中、隱身在潮水間。雖然名字裡有個「蟹」字，但可以整隻吃進肚裡，食用方式不像螃蟹那麼麻煩，且捕抓方法也相對簡單，因而成為夏季餐桌上的常見料理。

簡單的用蔥蒜爆香後大火翻炒，灑上些許鹽巴調味，馬上飄散出粗曠迷人的海味，若是喜歡吃辣，就加點辣椒一起炒，那香脆爽辣的滋味，除了能多扒好幾口飯，也是絕佳的下酒菜，咔嗞咔嗞的香酥口感讓人欲罷不能。

食材

karukuy / visvis
浪花蟹

kenaw & suwana
蔥和蒜頭

1_ 蒜頭爆香

2_ 放入浪花蟹拌炒

3_ 放入蔥段、加鹽調味後起鍋

semanin
日本禿頭鯊

　東海岸常見的洄游魚種 semanin，剛出生時呈透明狀，只看得到兩顆黑黑的眼珠，每到盛產期，大批魚苗隨漲潮抵達河口準備上溯，族人手持三角網站在岸邊等著魚苗自投羅網。

　頂著一個接一個往岸上衝的浪頭，隨著潮來潮往，反覆著下網起網的撈捕動作，semanin 為人們帶來經濟收益，也成為餐桌上的常見料理。捕撈回來的 semanin 用清水輕輕一沖，按個人喜好，拌入醬油、蒜頭、辣椒或是哇沙米等調味料，就是一道滑溜鮮甜的海味，不喜歡生食的人則通常用來煎蛋。

vucinun da turu
海龜蛋

Muveneng 的寬闊沙灘曾是孵育海龜 (turu) 的溫床，在族人回憶裡，每到夏秋之際的繁殖期，總有大批的返鄉海龜上岸產卵。海龜媽媽在沙灘上留下的深刻爬痕，一丘一丘隆起的蛋窩，一隻隻小海龜破殼而出爬向大海的畫面，至今仍深深烙印在族人腦海裡。

在那海龜數量頗豐的年代，挖取海龜蛋是常有的事，族人說，海龜蛋的大小形狀很像乒乓球，水煮即可食用，口感跟雞蛋差不多。過去的稀鬆平常，如今聽來就像天方夜譚般的不可思議，回憶裡的海龜蛋，已是遙不可及的江湖傳說。

tatusuk
陷阱叉

　　浪花蟹喜歡腐臭腥味，在鐵絲串上腥味十足的小捲、秋刀魚，就成了最佳誘餌。而在過去，小朋友會把竹子削成一根根竹叉，串上蚯蚓、腐肉甚至是蟑螂當誘餌，若是懶的採竹子，就發揮創意就地取材，撿拾較有彈性的樹枝作為誘捕工具。

　　串好誘餌後，將誘捕工具插入海浪能打到的沙灘上，聞臭而來的浪花蟹就會留下來啃食。誘餌放置約 10~20 分鐘後，拿取畚箕、篩網等工具，一把鏟起誘餌周圍的沙堆，接著淘掉沙石，就能夠看到隱身在沙堆裡的浪花蟹。

---

savang
三角網

　　在出海口捕撈 semanin 的主要工具，是呈三角形的手叉網，族語名稱為「savang」。捕撈魚苗時，將三角網鏟入襲岸的浪濤中，一手握在三角網頂端，另一手握住橫桿以增加穩定度，避免受到大浪衝擊而移動。海浪一來，魚苗會順著水流進入三角網裡，等到浪一退要馬上舉起魚網檢視漁獲，把撈到的魚苗放到掛在腰際的魚簍中。不斷重複下網動作，族人說，捕撈 semanin 除了靠運氣，也是考驗體力和耐力的辛苦工作，小心翼翼地與浪拼搏，無非期待著手中的金三角能夠網住天賜的白金。

tavukulr
八卦網

　　主要使用在近海及溪流區域的八卦網，族語名稱為「tavukulr」，尺寸不一，網目也有分大小，以溪魚而言，使用小口徑網目，若在近海區則通常選用較大口徑的網目。

　　由於八卦網底部有鉛錘，整張魚網頗具重量，可以說是所有漁法裡，最為考驗個人技術的漁具。拋網時，利用扭腰轉身的力量將網子拋甩出去，讓網子能夠攤開來，唯有將網子拋得又大又圓，網到的漁獲才會多。看著老輕輕一拋，八卦網在空中舒展出完美的圓形後直落水裡，可都是多年功夫的累積才有辦法做到的啊！

Revuwa'an
祖先發祥地

　　根據口傳，Kasavakan 族人的祖先在 Revuwa'an（今臺東縣太麻里鄉三和村附近）登陸上岸，之後隨著環境變遷、人口增加而展開移動，往土地更肥沃、獵物更豐饒之處遷徙，而無論遷往何方，族人始終將祖先最初上岸居住的地方視為聖地。

　　當年祖先使用的船槳是青竹，傳說中，祖先將船槳插在 Revuwa'an，而後開枝散葉形成大片竹林，對族人而言這片竹林是相當神聖的，若對它不敬而隨意砍伐或移植，必定會遭到祖靈的懲罰。

　　據說當年南迴鐵路行經路線就在 Revuwa'an 竹林處，然在整地期間只要一碰觸到竹林，怪手就會莫名故障，最後不得不更改鐵路路線。

發祥地祭祖

　　每年農曆 3 月 3 日，是族人到 Revuwa'an 祭祖的重要節日。一早，由頭目和巫師在部落外圍及發祥地南北兩端進行阻絕儀式，設置屏障阻隔邪靈，祈求儀式平安順利。

　　族人們穿著傳統服飾，獻上過去祖先常吃的食物 - 地瓜、芋頭、血桐粽、糯米飯等作為祭品，以示對傳統文化的尊重。在頭目與巫師帶領族人持香祭拜後，族人依序向祖先敬酒，接著焚燒紙錢，以樂舞娛靈。

　　耆老說，以前祭祀活動持續一整天，祭祀後就在前面的海灘唱歌跳舞。如今大多簡化為半天，為求方便，改在發祥地同側空地搭設帳篷讓大家一起分享食物。

女孩變魚的故事

《台灣卑南族民間故事》於 1987 年採集耆老洪玉蘭講述的傳說故事和魚有關。

從前有個女孩常常向繼父撒嬌，但是繼父並不喜歡她。有天，女孩要求繼父替她做個鞦韆，這樣她就可以盪鞦韆玩耍。繼父看了很不高興，在她盪向高空的時候突然割斷鞦韆繩索，女孩在半空中掉進遠處的大海，等她母親跑到海邊找到她時，她的腰部以下已經長滿鱗片，變成了一條魚。

荷蘭人上岸尋金

據《心知地名：Katratripulr 卡大地布部落文史紀錄》記載，kana 語意為「那邊」，luvan 語義為「沼澤」，analuvan 就是指「沼澤地帶」。 依卡大地布文史，荷蘭東印度公司在臺時期 (1624-1662 年)，此處係 Pakaruku（巴卡魯固）家族的聚落。

1640 年左右，荷蘭人為了尋找黃金，駕著戎客船往返於大員（臺南安平地區）與卑南（臺東地區）之間。有一天上午他們停在知本海域，以望遠鏡遙望知本青林山區，看到山區似星辰般閃閃發亮的東西，隱約也看到住屋，那是卡大地布部落 Mavaliw（瑪法琉）家族的聚落 Kazekalran（嘎者嘎讓）。

荷蘭人為了一探究竟，派了士兵搭著小艇，在知本溼地的知本溪口海岸登陸，他們沿著河岸的蘆葦和甜根子草前進，遇見了居住於 Kanaluvan 聚落的巴卡魯固家族。族人第一次見到與他們外貌及穿著不同的洋人，也見識到威力強大的火繩槍，以及可使嘴巴冒煙的手捲菸。

參考書目

1999 《臺灣地名辭書，卷三，臺東縣》/ 夏黎明等撰述，施添福總編纂；
　　 臺灣省文獻委員會採集組編輯，南投市：省文獻會

2000 《大知本地區發展史》/ 曾建次 (等主編)，台東市：台東市公所

2012 《台灣卑南族民間故事》/ 金榮華整理，新北市：口傳文學會

2016 《心知地名：Katratripulr 卡大地布部落文史紀錄》/ 林金德編著，
　　 台東市：台東縣原住民主體文化發展協會

食光・時光
Kasavakan 飲食記憶誌

作　　　者｜卓幸君

攝　　　影｜卓幸君、董孝華、古健緯

族語翻譯｜洪淳嵐、蔡金水

審　　　訂｜謝運妹、古阿花、高玉春、曾玉鳳、謝鴻章、陳玉華、洪淳嵐、
　　　　　　古金全、林賢美、古金木、蔡金水、陳正明、謝宏春

美術設計｜莊詠婷

發　行　人｜蔡政良、林維華

總　策　劃｜林慧珍、卓幸君

出版單位｜財團法人東台灣研究會文化藝術基金會
　　　　　旭野有限公司

地　　　址｜臺東市豐榮路 259 號 1 樓
　　　　　臺東市建和三街 45 巷 12 號之 1

電　　　話｜089 - 347660

出版日期｜2021 年 11 月初版

定　　　價｜新臺幣 400 元

國家圖書館出版品預行編目 (CIP) 資料

食光・時光:Kasavakan 飲食記憶誌 / 卓幸君作 -- 初版 . --

臺東市 : 財團法人東台灣研究會文化藝術基金會 , 旭野有限公司 , 2021.11

196 面；17 x 23 公分；ISBN 978-986-90645-6-9 (平裝)

1. 飲食風俗　2. 卑南族　3. 臺灣原住民族

536.3365　　　　110019422